心地よい空間をつくる
小さな設計・建築事務所

Creating a Relaxed Atmosphere:

Small Design & Architecture Offices

はじめに

「施主の思いに耳を傾け、ただ建てるだけではなく、
　暮らし全体をクリエイトする。
　新しい価値を見出し、
　世界にひとつだけの建築をつくり上げる ── 。」

そんな思いで日々、活躍している設計士・建築士を紹介する
本をつくりたいと思い、本書は『心地よい空間をつくる 小さ
な設計・建築事務所』と名づけました。

昨今、都市や郊外を問わず、小・中規模経営ながらコンセプ
トやアイデア、デザインにこだわる設計事務所や建築事務所
が多く見受けられます。

彼らの多くは、多様な価値観にあふれた多忙な時代だからこ
そ、手ざわりや居心地、やすらぎのある心地よい空間が必要
だと考えます。まずはクライアントの話をよく聞き、深く読み
取り、使う人にフィットする空間をひとつずつ丁寧にしつらえ
ること。その上で、住宅は地域環境と寄り添うことを念頭に
寛容な空間づくりを目指し、ショップやオフィス、公共施設な
どは地域の社会的な役割を考え、時代を超えて愛される街
づくりを目指しています。

本書は、施主の思いに真摯に向き合い、住まい手（使い手）・
地域・環境をトータルに捉え、国内外で活躍するプロの仕事
を事例とともに紹介する「101人の仕事プロファイル」です。
収録作品は、店舗・住宅・オフィス・医療施設・公共施設・
宿泊施設・家具・サイン・プロダクトなど多岐にわたり、見応
えのあるポートフォリオになっています。

最後になりましたが、本書制作にあたりご多忙中、多大な
ご協力を賜りました方々に、深く御礼を申し上げます。本書が
「心地よい空間をつくる人に出会いたい！」と願う方々にとっ
て、活用の一助になれば幸いです。

パイ インターナショナル編集部

Introduction

"Creating lifestyles, not just buildings, by carefully
listening to clients' perspectives and needs. Revealing
new values by building exclusive structures, one by one."

As a format for introducing designers and architects
who implement these sentiments on a daily basis, this
tome is aptly named, "Creating a Relaxed Atmosphere:
Small Design & Architecture Offices."

These days, cities and suburbs are peppered with small
and medium-sized businesses run by discriminating
designers and architects with a keen focus on concept,
ideas, and unique design. These creators concur that
in these busy times reflecting myriad values, a relaxing
space providing soothing textures and comfort is a must.

The first step is to listen carefully to the client's
explanation, sense his or her needs, and then
meticulously create spaces which meet them. The creator
then strives to produce a relaxing home in harmony with
its environment or a shop/office/facility poised to fulfill
its social role, generating a town that will be cherished
for years to come.

This book profiles 101 of Japan's professionals,
illustrating how they consciously unearth client
expectations to form a total portrait of resident (user),
region, and environment. The resulting portfolio is
impressive and far-reaching, embracing components
such as shops, homes, offices, medical/public facilities,
and lodgings, along with furniture, signs, graphics and
products.

Finally, we would like to take this opportunity to
express our deep appreciation to all those involved in
the creation of this publication. We couldn't have done
it without your cooperation. We hope this book will
help those searching for a professional to create their
own "relaxed atmosphere!"

PIE International Editing Division

もくじ

Editorial Notes エディトリアルノート

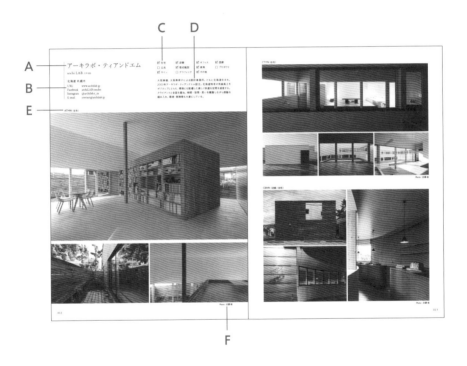

A 事務所名 / 代表者名

B 住所・URL・SNS・E-mail

C 主に手がけている仕事

D プロフィール

E 作品名

F 撮影者名

＊作品提供者の意向により、データの一部を記載していない場合があります。

＊各企業に付随する、株式会社および有限会社は表記を省略させていただきました。

アーキラボ・ティアンドエム

archi LAB. t+m

北海道 札幌市

URL　　　　www.archilab.jp
Facebook　archiLAB.tandm
Instagram　@archilab.t_m
E-mail　　　contact@archilab.jp

☑ 住宅　　☑ 店舗　　☑ オフィス　　☑ 医療
☐ 公共　　☑ 宿泊施設　☑ 家具　　　☐ プロダクト
☑ サイン　☐ グラフィック　☑ その他

大坂崇徳、大坂美保子による設計事務所。ともに北海道生まれ。2003年アーキラボ・ティアンドエム設立。北海道特有の気候風土をポジティブにとらえ、環境にも配慮した楽しく快適な空間を提案する。クライアントと会話を重ね、時間・空間・思いを積層しながら感動を組み入れ、環境・断熱等も大事にしている。

ATMN（住宅）

Photo：古瀬 桂

CTYN（住宅）

Photo：古瀬 桂

CBNN（店舗／住宅）

Photo：古瀬 桂

013

エム・アンド・オー

m+o

北海道 札幌市

URL	www.mando.jp
Facebook	mmmandooo
Instagram	@mando_works
E-mail	info@mando.jp

☑ 住宅　　☑ 店舗　　☑ オフィス　　☑ 医療
☑ 公共　　☑ 宿泊施設　☑ 家具　　　☑ プロダクト
☑ サイン　☑ グラフィック　☑ その他

湊谷みち代と大塚達也の建築家ユニット。ともに北海道出身。心がけていることは、クライアントとの「会話」。暮らしや趣味の話から、これからつくり上げていく建築のことまで、率直に話し合うクライアントとの時間を大切にしている。そこからふさわしいと思う空間を読み解き、この人、この土地にしかない「テーマ」を見つけ、建築をつくり出している。

Small Office（オフィス）

Photo：酒井広司／大塚達也

Kitchen house（住宅）

Photo：酒井広司

kibaco（住宅）

Photo：大塚達也

建築設計事務所 Atelier CoCo

アトリエココ

- ☑ 住宅
- ☑ 店舗
- ☑ オフィス
- ☑ 医療
- ☑ 公共
- ☑ 宿泊施設
- ☑ 家具
- ☐ プロダクト
- ☑ サイン
- ☐ グラフィック
- ☐ その他

北海道 札幌市
URL　　　www.ateliercoco-sapporo.com
E-mail　　info@ateliercoco-sapporo.com

北海道を拠点に、様々な案件を手がける事務所。クライアントが生活の想像・未来を設計段階で想像できるプラン・デザインを大切にしている。また、新築住宅の設計だけではなく車と暮らすガレージハウスの魅力も提案。リビングやお風呂から愛車を眺めたり、暮らしの一部に車がとけこむデザインを得意としている。

ロードスターのガレージハウス (住宅)

Photo：小高写真事務所

心みカフェ（店舗）

Photo：小高写真事務所

美容室ランプライト（店舗）

Photo：ニポー

017

さくま建築設計事務所
SAKUMA Architect Planning Office

宮城県 仙台市
URL　　　　　www.sakuma-a.com
Facebook　　sakumaarchi
Instagram　　@sakuma_a
E-mail　　　　ms@sakuma-a.com

☑ 住宅　　☑ 店舗　　☐ オフィス　　☑ 医療
☐ 公共　　☑ 宿泊施設　　☑ 家具　　☐ プロダクト
☑ サイン　　☐ グラフィック　　☑ その他

代表 佐久間正弘。1966年宮城県登米市生まれ。実家が大工、自宅で木材の手刻みをしていたため、玄翁の音や木の香りを五感で浴びる。まず、やってみることが大好きで、小6の時には自転車のパンクを自力で修理。1989年、東北工科美術専門学校卒。2000年、さくま建築設計事務所を開設。

snug-house（住宅）

Photo：佐久間正弘（さくま建築設計事務所）

MISE caffe（店舗）

Photo：佐久間正弘（さくま建築設計事務所）

点子ちゃんとアントンの家（住宅）

Photo：佐久間正弘（さくま建築設計事務所）

LIFE RECORD ARCHITECTS

ライフレコードアーキテクツ

☑ 住宅 　☑ 店舗 　☑ オフィス 　☐ 医療
☑ 公共 　☑ 宿泊施設 　☑ 家具 　☐ プロダクト
☐ サイン 　☐ グラフィック 　☐ その他

宮城県 仙台市

URL	www.life-record.jp
Facebook	life.record.architects
Instagram	@lrarchitects
E-mail	info@life-record.jp

宮城・山形を中心に活動するリノベーションに特化した建築デザイン事務所。設計や施工を通して、人の暮らしや建物の記憶を丁寧に記録し、次の世代に繋げていけるデザインを大切に考えている。また、省エネ性能の良い居住環境にすることで、サスティナブルな循環型社会の実現を目指している。

Pourpier（店舗）

自邸アトリエ（住宅）

Photo：志鎌康平写真事務所

cozab gelato（店舗）

Photo：根岸功写真事務所

アトリエセツナ
Atelier SETSUNA.Ltd

山形県 山形市
URL　　　　www.setsuna-design.net
Facebook　Atelier.SETSUNA
Instagram　@atelier.setsuna
E-mail　　　studio@setsuna-design.net

☑ 住宅　　☑ 店舗　　☑ オフィス　☑ 医療
☑ 公共　　☑ 宿泊施設　☑ 家具　　☑ プロダクト
☑ サイン　☑ グラフィック　☑ その他

代表 渡邉吉太。スウェーデン国立芸術デザイン工芸大学／KONSTFACK留学後、フリーのデザイナーを経て設立。全国で、店舗・住宅・家具・プロダクト・業態開発コンサルティング等、ジャンルの垣根を超えたプロジェクトを手がける。GOOD DESIGN AWARD（2012, 2013, 2019）山形エクセレントデザイン2019大賞等、受賞歴多数。

さんろくまる（店舗／家具）

Photo：鈴木伸夫

KAKULULU（店舗／家具）

Photo：渡邊吉太

THE LAUNDRY Lab.（店舗／家具／グラフィック）

Photo：渡邊吉太

土間のある家×UNNOHOUSE（住宅／家具）

Photo：根岸 功

井上貴詞建築設計事務所
takashi inoue architects

山形県 山形市
URL　　　takashiinoue.com
E-mail　　info@takashiinoue.com

☑ 住宅　　☑ 店舗　　☑ オフィス　　☐ 医療
☑ 公共　　☑ 宿泊施設　☑ 家具　　　☑ プロダクト
☐ サイン　☐ グラフィック　☐ その他

1980年山形県生まれ。東北大学大学院工学研究科博士課程前期修了。本間利雄設計事務所＋地域環境計画研究室を経て、2014年独立。大小の建築設計を通して、ヒトと人をつなぎ、質の高いモノを創り出し、プロセスを共有するコトで、これからの社会と暮らしに新たな価値を生み出したいと考えている。LCS共同主宰。

hana cafe（店舗）

桐生新町の家（住宅）

湯守の旅籠（住宅）

ADX

エーディーエックス

福島県 二本松市

URL	adx.jp
Facebook	adx.jp
Instagram	@___adx___
E-mail	info@adx.jp

☑ 住宅　　☑ 店舗　　☑ オフィス　　☐ 医療
☑ 公共　　☑ 宿泊施設　☑ 家具　　　☑ プロダクト
☑ サイン　☐ グラフィック　☑ その他

福島は安達太良山の麓を拠点とする建築チーム。「Change the idea from here! / 当たり前をここから変えよう!」という社是の元、斬新かつ革新的なアイデアで住宅、ホテル、レストラン等の商業施設のアップデートをし続ける。美しい自然で培われたセンスを元に、企画開発からデザイン、設計、施工までの工程を自社で手がけることが強み。

OBROS COFFEE（店舗）

Photo：SCORE stken

HALE hair design（店舗）

Photo：髙橋菜生写真事務所

二本松の住宅（住宅）

Photo：髙橋菜生写真事務所

吉デザイン設計事務所
KICHI ARCHITECTURAL DESIGN

☑ 住宅　☑ 店舗　☑ オフィス　☑ 医療
☐ 公共　☑ 宿泊施設　☑ 家具　☑ プロダクト
☑ サイン　☐ グラフィック　☑ その他

茨城県 つくば市

URL	www.kichi-d.com
Facebook	kichidesignarchicafecomo
Instagram	@kichiarchitecturaldesign
E-mail	kichi@kichi-d.info

代表 吉川直行。茨城県生まれ。神奈川大学建築学科卒業後、イタリアへ留学、帰国後MUJIHOUSEを経て2005年に吉デザイン設計事務所を設立。シンプルな中にあるミニマムな美しさ、豊かさを追求し、場のエネルギーに融合した空間づくりを追求している。

Circle House（住宅）

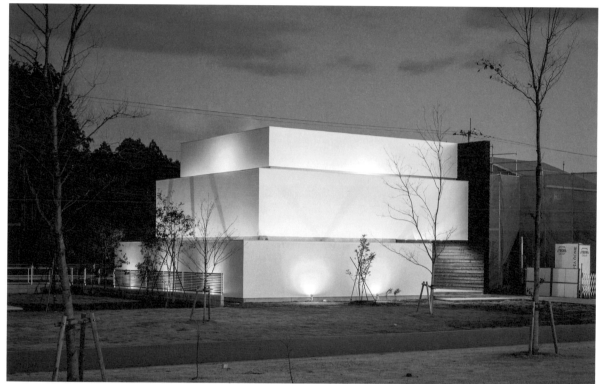

Photo：新澤一平

Scandinavian Middle（ギャフリー）

Photo：新澤一平

Hotel PatInn（宿泊施設）

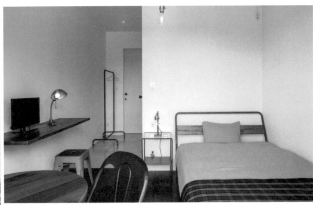

Photo：新澤一平

飯山千里建築設計事務所
Chisato Iiyama Architects Office

群馬県 桐生市
URL　　　　www.iiyamachisato.com
Facebook　ChisatoIiyamaArchitectsOffice
E-mail　　　mail@iyamachisato.com

☑ 住宅　　☑ 店舗　　☑ オフィス　　☐ 医療
☑ 公共　　☑ 宿泊施設　☑ 家具　　　☑ プロダクト
☐ サイン　☐ グラフィック　☑ その他

東京・群馬を拠点とし2007年設立。プロジェクトの魅力の断片を掘り起こし、丁寧に接ぎ合わせることで、未来と響きあう暮らしを提案する。建築設計を軸に、家具、展示構成などのデザイン、まちづくりにも携わる。JCDデザインアワード、ショップデザインアワード等受賞。日本大学理工学部および工学院大学建築学部非常勤講師。

駒形の家（住宅）

Photo：鳥村鋼一

赤いカンナの家（アトリエ／住宅）

Photo：鳥村鋼一

piccolino（店舗）

Photo：栗原 諭

小島光晴建築設計事務所
Mitsuharu Kojima Architects

群馬県 太田市
URL　　　　mitsuharu-kojima.com
Facebook　Mitsuharu.Kojima.Architects
Instagram　@kojima.mitsuharu
E-mail　　　info@mitsuharu-kojima.com

☑ 住宅　　☑ 店舗　　☑ オフィス　　☐ 医療
☑ 公共　　☐ 宿泊施設　☑ 家具　　　☑ プロダクト
☐ サイン　☐ グラフィック　☑ その他

1973年栃木県生まれ。工学院大学大学院修士課程建築学修了後、山本・堀アーキテクツに入所、2001年独立。「集まることが楽しくなる環境」をデザインし、その環境は、明るく豊かで心に深く残る場所になることを目指す。主な受賞歴：A' Design Award &Competition（イタリア）、AR House Awards（イギリス）、日本建築士会連合会賞等。

FUIGO（店舗）

Photo：cosydesign / 小島光晴

HanafarmKitchen MEGURO（店舗）

Photo：小島光晴

House IS（住宅）

Photo：中村 絵

House IC（住宅）

Photo：中村 絵

リオタデザイン

RIOTADESIGN

埼玉県 志木市
URL　　　　www.riotadesign.com
Facebook　　rsekimoto
Instagram　 @riota_s
E-mail　　　riota@riotadesign.com

☑ 住宅　　☑ 店舗　　☑ オフィス　　☐ 医療
☐ 公共　　☐ 宿泊施設　☑ 家具　　　☐ プロダクト
☐ サイン　☐ グラフィック　☐ その他

代表 関本竜太。1971年埼玉県生まれ。1994年日本大学理工学部建築学科卒業後、1999年までエーディーネットワーク建築研究所に勤務。2000年〜2001年フィンランド・ヘルシンキ工科大学（現アールト大学）に留学、現地の設計事務所にて設計プロジェクトにかかわる。帰国後、2002年にリオタデザイン設立。

路地の家（住宅）

Photo：新澤一平

tobufune（オフィス）

Photo：新澤一平

隅切りの家（住宅）

Photo：新澤一平

アリイイリエアーキテクツ
Arii Irie Architects

東京都 中野区
URL   www.ariiirie.com
Instagram   @ariiiriearchitects
E-mail   office@ariiirie.com

☑ 住宅　　☑ 店舗　　☑ オフィス　　☑ 医療
☑ 公共　　☑ 宿泊施設　　☑ 家具　　☐ プロダクト
☐ サイン　　☐ グラフィック　　☑ その他

有井淳生と入江可子による建築設計事務所。住宅やオフィス、商業空間など、幅広い分野の設計を手がける。東南アジアでの公共建築のプロジェクトも進行するなど、近年活動の幅を広げている。2020年7月に、オーダーメイドの花屋「LOVELETTER」と中華料理店「湯気」と共に新事務所をオープン予定。

Nagasawa COFFEE（店舗）

Photo：中村 絵

清光社 埼玉支店（オフィス／倉庫）

庭と屋根の家（住宅）

上原和建築研究所
一級建築士事務所
Kazu Uehara Atelier, Architects

東京都 小金井市
URL　www.k-uehara.com
E-mail　info@k-uehara.com

☑ 住宅　　☑ 店舗　　☑ オフィス　☑ 医療
☑ 公共　　☑ 宿泊施設　☑ 家具　　☐ プロダクト
☑ サイン　☐ グラフィック　☑ その他

1977年、東京都生まれ。東京都立大学工学部建築学科卒業。藤木隆男建築研究所を経て、2006年独立。東京都小金井市を拠点に全国で活動。東洋大学非常勤講師／東京テクニカルカレッジ非常勤講師／東京建築士会理事等を務める。ミャンマーで活動する別会社Smart Japan Co., Ltd.およびSmart Japan Tokyo ,LLC.のCEO。

リブハウス（オフィス）

Photo：鳥村鋼一

ヒュッテ閑馬（住宅）

Photo：鳥村綱一

恵比寿ボックス（住宅）

Photo：鳥村綱一

大井鉄也建築設計事務所
一級建築士事務所
TETSUYA OOI Architect and Associates

東京都 町田市

URL	oaa-arch.com
Facebook	tetsuya.ooi.33
E-mail	oaa@io.ocn.ne.jp

☑ 住宅　　☑ 店舗　　☑ オフィス　　☑ 医療
☑ 公共　　☑ 宿泊施設　☑ 家具　　　☑ プロダクト
☑ サイン　☑ グラフィック ☑ その他

滋賀県立大学大学院修了後、内井昭蔵建築設計事務所、遠藤克彦建築研究所を経て、2012年事務所主宰。現在、東京大学生産技術研究所特任研究員、滋賀県立大学及び十文字学園女子大学非常勤講師。主な作品は屋根上の休憩所（SD Review2017入選）、木之本宿オフセット町家、つるやパンまるい食パン専門店、dual court house等。

木之本宿 オフセット町家（住宅 / 地域交流施設）

Photo：冨田英次写真事務所

住道の家（住宅）

Photo：冨田英次写真事務所

dual court house（住宅）

Photo：上田宏建築写真事務所

つるやパン まるい食パン専門店（店舗）

Photo：大井鉄也建築設計事務所 / 大井福也（ANDAND）

オープンヴィジョン

Openvision Co.Ltd.

東京都 調布市
URL   www.openvision.jp
Instagram @openvision_
E-mail   hello@openvision

☑ 住宅　　☑ 店舗　　☑ オフィス　　□ 医療
☑ 公共　　□ 宿泊施設　☑ 家具　　　☑ プロダクト
☑ サイン　□ グラフィック　☑ その他

齋藤 要、田中幸子共同主宰。2012年に設立の建築設計を専門とするデザインファーム。新しく生まれる場に「見晴らしのいい未来」を提案したいと考えている。心地よさと性能を兼ね備え、時間が経つほどに良くなっていくような長く使い続けられるデザインを心がけている。

深大寺の家（住宅 / オフィス）

Photo：オープンヴィジョン

月ビル（住宅）

Photo：熊谷 順

代々木上原の家（住宅）

Photo：熊谷 順

Camp Design inc.
キャンプデザイン

東京都 目黒区
URL　　　　www.camp-archi.com
Facebook　CampDesignInc
Instagram　@campdesigninc
E-mail　　　info@camp-archi.com

☑ 住宅　　☑ 店舗　　☑ オフィス　☑ 医療
☑ 公共　　☑ 宿泊施設　☑ 家具　　☑ プロダクト
☐ サイン　☐ グラフィック　☑ その他

2010年より藤田雄介が主宰。2019年より伊藤茉莉子がパートナーとして参画。リノベーション・新築問わず、住宅・集合住宅を中心に様々な設計を手がける。手触りがあり、時間の変化に寄り添える建築の設計をテーマに。オリジナルの建具やプロダクトを販売する、建具専門メーカー「戸戸（こと）」の運営も行う。www.koto.tools

花畑団地27号棟プロジェクト（住宅）

Photo：長谷川健太

柱の間の家（住宅）

Photo：長谷川健太

AKO HAT（住宅）

Photo：長谷川健太

珈琲店海豚屋（店舗）

Photo：ibatahiroyuki

047

gift_
ギフト

東京都 江東区

URL	www.giftlab.jp
Facebook	giftlab.jp
Instagram	@giftlabgarage
E-mail	info@giftlab.jp

☑ 住宅　☑ 店舗　☑ オフィス　□ 医療
☑ 公共　☑ 宿泊施設　☑ 家具　☑ プロダクト
☑ サイン　☑ グラフィック　☑ その他

後藤寿和と池田史子のデザインユニット。空間デザインを軸としながら、ハコ、モノをつくることのみならず、そこに起こること、生まれる交流等、すべてを「場」「状況」のデザインとして自らも関わり、新しい価値を生み出す。空間や家具等のデザイン監修、設計を手がけるほか、コンセプト立案、展覧会のキュレーション、空間構成・環境演出等も行う。

山ノ家 Café&Dormitory　（店舗 / 宿泊施設）

Photo：林 雅之

FACTORY FRONT by MGNET（アトリエオフィス / 店舗）

House in the Forest（住宅 / インテリアデザイン）

小石川建築ノ小石川土木
Koishikawa architects

東京都 港区
URL ko-ishikawa.com
Instagram @koishikawa_architects
E-mail info@ko-ishikawa.com

☑ 住宅　☑ 店舗　☑ オフィス　☑ 医療
☑ 公共　☑ 宿泊施設　☑ 家具　☐ プロダクト
☑ サイン　☑ グラフィック　☑ その他

小引寛也と石川典貴による建築設計事務所。このような時代だからこそ、手触りや居心地、安らぎのある心地良い空間が必要だと考える。建物用途や規模を問わず、家具から土木スケールまで様々なデザイン・企画提案を手がける。2014年、2015年グッドデザイン賞ほか多数受賞。2016年第15回ベネチアビエンナーレ国際建築展出展。

南阿佐ヶ谷の家 (住宅)

Photo：鳥村鋼一

Bouldering space BLEAU（店舗）

Photo：藤井浩司（ナカサアンドパートナーズ）

ACHO Kagurazaka（住宅兼店舗）

Photo：藤井浩司（ナカサアンドパートナーズ）

香雅堂（店舗）

Photo：藤井浩司（ナカサアンドパートナーズ）

Koizumi Studio

コイズミスタジオ

東京都 国立市
URL　　　　www.koizumi-studio.jp
Facebook　　koizumidouguten
Instagram　　@koizumi_studio
E-mail　　　koizumistudio@vega.ocn.ne.jp

☑ 住宅　　☑ 店舗　　☑ オフィス　　☐ 医療
☐ 公共　　☐ 宿泊施設　☑ 家具　　　☑ プロダクト
☑ サイン　☐ グラフィック　☑ その他

小泉 誠 / 1960年東京生まれ。デザイナー原 兆英と原 成光に師事。1990年 Koizumi Studio、2003年「こいずみ道具店」を開設。建築から箸置きまで生活に関わるデザインを手がけ、日本のものづくりの現場で地域との協働を続ける。2015年に「わざわ座」を設立。2012年毎日デザイン賞、2015年日本クラフト展大賞受賞。

Plantation GINZA（店舗）

Photo：ナカサアンドパートナーズ

西浦の家（住宅）

Photo：koizumi studio

丸徳家具店（店舗）

Photo：ナカサアンドパートナーズ

佐久間徹設計事務所

SAKUMASTUDIO

東京都 武蔵野市

URL	www.sakumastudio.com
Instagram	@sakumastudio
E-mail	info@sakumastudio.com

☑ 住宅　　☑ 店舗　　☑ オフィス　　☑ 医療
☑ 公共　　☑ 宿泊施設　☑ 家具　　　□ プロダクト
□ サイン　□ グラフィック　☑ その他

東京・吉祥寺に事務所を構え、個人住宅、集合住宅、リゾート施設、福祉施設、事務所ビルの設計、店舗デザイン等を中心に活動する。「気持ちよく暮らすこと」「敷地や周辺の環境を活かすこと」を意識し、コミュニケーションを大切にしている。家づくりを相談する場を設けたり、こどものためのまちづくりイベントにも参加している。

吉祥寺東町の家（住宅）

Photo：見学友宙

深大寺の家 / 縷縷LuLu (店舗 / 住宅)

Photo：石井雅義

森下の集合住宅 (住宅)

Photo：長谷川健太

055

鈴木 一史

Kazufumi Suzuki

東京都 世田谷区 (街のオフィス)
神奈川県 三浦郡 (海のオフィス)
E-mail　　Suzuki@hanyu-no-yado.co.jp

☑ 住宅	☑ 店舗	☑ オフィス	☑ 医療
☐ 公共	☑ 宿泊施設	☑ 家具	☑ プロダクト
☑ サイン	☐ グラフィック	☑ その他	

1979年神奈川県茅ヶ崎生まれ。日本大学卒業後、都内の設計事務所・施工会社を経て2010年に独立。頭を練るコト（デザインするコト）と、手を練るコト（施工をするコト）は同義ととらえ、境界線なくインテリアデザインと施工を手がける。

Danang Pizza 4P's Indochina（店舗）

Photo：Binh Dang

HoChiMinh Pizza 4P's vo van kiet（店舗）

ONIBUS COFFEE 八雲（店舗）

Pomponcakes BLVD.（店舗）

straight design lab
ストレート デザイン ラボラトリー

東京都 国分寺市

URL	www.straightdesign.net
Facebook	straightdesignlab
Instagram	@straightdesignlab
E-mail	tegami@straightdesign.net

☑ 住宅　☑ 店舗　☑ オフィス　☐ 医療
☐ 公共　☐ 宿泊施設　☑ 家具　☑ プロダクト
☐ サイン　☐ グラフィック　☑ その他

建築家の東端桐子が主宰する建築設計事務所。戸建て住宅のほか、マンションや戸建て住宅のリノベーション、店舗やオフィスのデザイン等、建築・デザイン・暮らしに関わることすべてに積極的に取り組む。2015年より家具デザイナーの大原 温とともに、SAT.PRODUCTS（www.satproducts.net）を運営。

park / NSSG（店舗 / オフィス）

Photo：来田 猛

H. works（店舗／住宅）

Photo：来田 猛

HOMEBASE（店舗／住宅）

Photo：来田 猛

+ft+/髙濱史子建築設計事務所

Fumiko Takahama Architects

東京都　世田谷区
URL　　　www.t-ft-t.com
Instagram　@fumiko_takahama_architects
E-mail　　info@t-ft-t.com

☑ 住宅	☑ 店舗	☑ オフィス	☑ 医療
☑ 公共	☐ 宿泊施設	☑ 家具	☐ プロダクト
☐ サイン	☐ グラフィック	☑ その他	

2012年に設立。日本とスイスで建築を学び、卒業後ヘルツォーク&ド・ムーロンで実践を学ぶ。家具やインスタレーション等の小規模から、住宅やオフィス、商業空間まで国内外の様々なプロジェクトを手がける。形態から素材に至るまで、建築の提案は常に場所に対する介入であり、その介入により生まれる空気感や時間、ストーリーを大事に設計している。

大磯の大きな家（住宅）

Photo：太田拓実

JINS 東急ハンズ池袋店（店舗）

Photo：阿野太一

Christian Dada Taipei（店舗）

Photo：Rex Chu

ディンプル建築設計事務所
DIMPLE Architects

東京都 武蔵野市
URL　　　dimple-architects.com
Facebook　DimpleArchitects
E-mail　　info@dimple-architects.com

☑ 住宅　　☑ 店舗　　☑ オフィス　☑ 医療
☑ 公共　　☑ 宿泊施設　☑ 家具　　☑ プロダクト
☐ サイン　☐ グラフィック　☑ その他

代表 堀 泰彰。1973年大阪府生まれ。オートバイロードレースの全日本選手権参戦、引退後から建築を志す。NAP建築設計事務所で設計室長を経て、2009年よりディンプル建築設計事務所を設立。武蔵境の家にてグッドデザイン賞を受賞。

nagi（店舗）

Photo：HIROAKI HATA

武蔵境の家（住宅）

Photo：DIMPLE Architects

へこみとふくらみ（住宅）

Photo：momoko japan

傳田アーキテクツ
Denda Architects

東京都 杉並区
URL　　www.denda-architects.com
E-mail　info@denda-architects.com

☑ 住宅　　☑ 店舗　　☑ オフィス　　☐ 医療
☑ 公共　　☑ 宿泊施設　☑ 家具　　　☑ プロダクト
☑ サイン　☐ グラフィック　☑ その他

代表 傳田剛史。1981年生まれ、工学院大学建築学科卒業。アトリエ・アンブレックス等を経て、2013年 傳田アーキテクツ設立。著書に『建築のスケール感』（共著・オーム社）「シンプル&スタンダードな暮らし」をテーマに、心地良い風と光に包まれた、穏やかな暮らしのための空間づくりを心がけている。

荏田南の住宅（住宅）

共同設計：ISHIKAWASAMBO＋なわけんジム　Photo：山口伊生人

西荻の住宅（住宅）

Photo：栗原宏光（上）／山口伊生人（下）

スミスケ（事務所 / ショールーム）

Photo：山口伊生人

能作文徳建築設計事務所

Fuminori Nousaku Architects

東京都 品川区

URL	fuminori-nousaku.site
Instagram	@fuminori_nousaku
E-mail	fuminori.nousaku.mail@gmail.com

☑ 住宅　☑ 店舗　☑ オフィス　☐ 医療
☑ 公共　☑ 宿泊施設　☑ 家具　☑ プロダクト
☐ サイン　☐ グラフィック　☑ その他

1982年生まれ。建築家、能作文徳建築設計事務所主宰、東京電機大学未来科学部建築学科准教授。東京工業大学大学院博士課程修了、2012年博士（工学）取得。東京建築士会住宅建築賞、第58回ヴェネチア・ビエンナーレ国際美術展日本館展示、住まいの環境デザイン・アワード2020優秀賞等受賞歴多数。

ピアノ室のある長屋（住宅）

Photo：鈴木淳平

高岡のゲストハウス（宿泊施設）

設計：能作文徳＋能作淳平　Photo：鈴木淳平（左上・左下）/ 新建築写真部（右）

西大井のあな（住宅 / 事務所）

設計：能作文徳＋常山未央　Photo：能作文徳建築設計事務所（左上）/ Ryogo Utatsu（左下・右）

knof

ノフ｜菊嶋かおり・永澤一輝

東京都 江東区

URL	www.knof.jp
Instagram	@knof_architecture_japan
E-mail	info@knof.jp

☑ 住宅　☑ 店舗　☑ オフィス　☐ 医療
☐ 公共　☑ 宿泊施設　☑ 家具　☐ プロダクト
☐ サイン　☐ グラフィック　☑ その他

菊嶋かおりと永澤一輝により2016年に設立。場所・用途を問わず、様々なプロジェクトに取り組んでいる。あたらしい物の見方・居心地の良さを、クライアントやつくり手と共に発見していきたいと考えている。

gicca / O BLDG.（店舗）

Photo：児玉晴希

襖絵のSOHO（住宅兼事務所）

Photo：児玉晴希

生活の倉（住宅）

Photo：児玉晴希

三鷹台の保育園（保育園）

Photo：児玉晴希

HAGI STUDIO 一級建築士事務所

ハギスタジオ

東京都 台東区
URL　　　　studio.hagiso.jp
Facebook　　studio.hagiso
Instagram　　@hagistudio
E-mail　　　info@studio.hagiso.jp

☑ 住宅	☑ 店舗	☑ オフィス	☑ 医療
☑ 公共	☑ 宿泊施設	☑ 家具	☑ プロダクト
☑ サイン	☑ グラフィック	☑ その他	

価値あるものをつくって、長く大切に使う社会、いわゆる「ストック型社会」における、既存資源の活用という視点を大切にしている。その視点から、遊休不動産のリノベーション、新築案件では周辺地域との連動性を考慮した設計を行う。自社での運営経験も活かし、総合的なプロデュースとともに、プロジェクト自体をデザインしていくことを心がける。

伊勢崎の屋根の上（住宅）

Photo：HAGI STUDIO

hanare（宿泊施設）

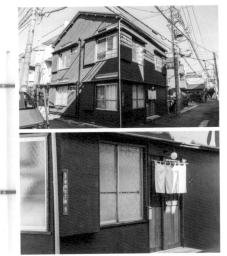

TAYORI BAKE（店舗）

西日暮里スクランブル（店舗）

福田世志弥一級建築士事務所
Yoshiya Fukuda Architecture & Design

東京都 港区
URL	www.yoshiyafukuda.com
Facebook	fukuda.yoshiya
E-mail	info@yoshiyafukuda.com

☑ 住宅　☑ 店舗　☑ オフィス　☑ 医療
☑ 公共　☑ 宿泊施設　☑ 家具　☑ プロダクト
☑ サイン　☑ グラフィック　☑ その他

1975年生まれ。東京藝術大学大学院美術研究科建築専攻修士課程修了。2014年A3 design共同設立、2016年福田世志弥一級建築士事務所設立。「美しさ」「機能性」「普遍性」を意識し、長く愛され使い続けられるデザインを目指す。そうした「時を経るにつれ愛着が増す」モノや空間は、私たちの日常を豊かにすると信じている。

八ヶ岳の住宅＆レストラン (住宅／店舗)

Photo：福田世志弥建築設計事務所

H-house（住宅）

Photo：福田世志弥建築設計事務所

Macaron chair（椅子）

Brass light（照明）

Kuru-Kuru light（照明）

Photo：小林久井

Photo：小林久井

Photo：福田世志弥建築設計事務所

073

千田正浩建築設計事務所

masahiro hoshida artisanal architecture

東京都 目黒区
URL	www.mhaa.info
Facebook	masahiro.hoshida.architecture
Instagram	@masahiro.hoshida
E-mail	hoshida@mhaa.info

☑ 住宅　☑ 店舗　☑ オフィス　☐ 医療
☑ 公共　☑ 宿泊施設　☑ 家具　☐ プロダクト
☐ サイン　☐ グラフィック　☑ その他

個人住宅からカフェ、レストラン、ワイナリーと多様なジャンルの建築と内装を手がけ、日本に従来からある材料やその土地の記憶などをリサーチしながら、新しい使い方やあり方を考えながら空間を作る。変革化する世界の中で、雲や風、土、水など当たり前にある素晴らしい現象や物質に着目し、新たな建築を考えていく。

COFEE COUNTY KURUME（店舗）

Photo：千田正浩建築設計事務所

8-otto-（店舗）

この山道を行きし人あり（カフェ／ギャラリー）

唐津の家（住宅）

MOBLEY WORKS

モーブレーワークス

東京都 町田市

URL	www.mobley-works.com
Facebook	mobleyworks
Instagram	@mobleyworks
E-mail	info@mobley-works.com

☑ 住宅	☑ 店舗	☑ オフィス	☐ 医療
☐ 公共	☐ 宿泊施設	☑ 家具	☑ プロダクト
☐ サイン	☐ グラフィック	☑ その他	

鰤岡力也によるウッドワークを中心とした工房。モダン、カントリー、シェーカー、ミッドセンチュリー等、時代背景を吟味したオーダー家具と内装を手がける。家具と内装に配されるモールやドア枠なども自社工場で製作。店舗や住宅は、信頼できるスタッフと提携し、デザインから製作まで行い、オリジナリティがある内装を目指している。

BULLPEN（店舗）

Photo：阿部 健

PADDLERS COFFEE（店舗）

Photo：阿部 健

etroit（店舗）

Photo：阿部 健

DESCHUTES（スツール）

BORGER'S THREE DRAWERS（キャビネット）

ROUND TABLE（テーブル）

Photo：阿部 健

moyadesign
モヤデザイン

東京都 渋谷区
URL moyadesign.jp
E-mail info@moyadesign.jp

☑ 住宅　　☑ 店舗　　☑ オフィス　☑ 医療
☑ 公共　　☑ 宿泊施設　☑ 家具　　☑ プロダクト
☑ サイン　☑ グラフィック　☑ その他

羽場友紀と平辻里佳による共同主宰。隈研吾建築都市設計事務所を経て2012年に創設。住宅や店舗、保育園、医院等の建築設計から、家具・ランドスケープ・パッケージデザインや建材開発など幅広く展開。デザインの力で日々の生活をほんの少し豊かで心地よくする提案をする。現在は、鎌倉とオーストラリアに生活拠点を置いて活動中。

台湾意一堂中医診所（医院）

Photo：Iakaya Sakano

078

Dandelion Chocolate蔵前（店舗）

協働：Puddle　Photo：太田拓実

浜田山のリノベーション（住宅）

Photo：ただこうじ

山路哲生建築設計事務所
TETSUO YAMAJI ARCHITECTS

東京都 品川区
URL www.ymja.jp
E-mail yamaji@ymja.jp

☑ 住宅　☑ 店舗　☑ オフィス　☑ 医療
☑ 公共　☑ 宿泊施設　☑ 家具　☐ プロダクト
☐ サイン　☐ グラフィック　☐ その他

1980年香川県生まれ。横浜国立大学工学府社会空間システム学科建築学コース修了。隈研吾建築都市設計事務所主任技師を経て2015年に独立。都市や建築、内装や家具を横断的に扱うことで、業務区分を超えて場所や状況の繋がりを設計するよう心がけている。平成31年度日本建築士会連合会賞「恵比寿の家」奨励賞等、受賞歴多数。

恵比寿の住宅（住宅）

Photo：長谷川健太

KITASANDO COFFEE（店舗）

Photo：長谷川健太

THE KNOT HOTEL SHINJUKU（宿泊施設）

Photo：永井杏奈

BIRTH LAB（オフィス）

Photo：長谷川健太

081

RYO ASO DESIGN OFFICE

阿相稜デザインオフィス

東京都 武蔵野市

URL	ryoaso.com www.duffle.jp
Facebook	aso.ryo
Instagram	@ryoaso_
E-mail	ryo.aso@duffle.jp ryo.aso@me.com

☑ 住宅　☑ 店舗　☑ オフィス　☐ 医療
☐ 公共　☑ 宿泊施設　☑ 家具　☑ プロダクト
☑ サイン　☑ グラフィック　☑ その他

1978年東京都生まれ。アパートメント、ブルースタジオを経て、店舗設計、住宅設計、リノベーション等数多くの設計、デザインに携わる。2012年RYO ASO DESIGN OFFICEとして活動開始。2013年duffleとして共同主宰。

AstroBros.（オフィス）

HELEN HEIJI（店舗）

Photo : RYO ASO DESIGN OFFICE

house sg/t（住宅）

Photo : RYO ASO DESIGN OFFICE

302 MUSASHINO RESIDENCE（住宅）

Photo : RYO ASO DESIGN OFFICE

083

一級建築士事務所
ATELIER SUMIYOSHI

アトリエ スミヨシ

神奈川県 鎌倉市

URL　　　　atelier-sumiyoshi.com
Instagram　@atelier.sumiyoshi
E-mail　　　kazu.murata@atelier-sumiyoshi.com

☑ 住宅　　☑ 店舗　　☐ オフィス　　☐ 医療
☐ 公共　　☐ 宿泊施設　　☑ 家具　　☑ プロダクト
☑ サイン　　☐ グラフィック　　☑ その他

鎌倉市に事務所を構える。ライフスタイルショップ『SUMIYOSHIYA kitakamakura』と連携しながら、住宅や店舗の改修設計に力を入れ、GREENに寄り添う上質な生活を提案するため、外構工事や家具、プロダクトなども受注している。クライアントとの共感、ライフスタイルを重視し、ひとの生活を豊かにすることを目指している。

SUMIYOSHIYA kitakamakura（店舗）

Photo：石島邦彦 / 鹿野弘世

北鎌倉の家（住宅［改修設計］）

Photo：石島邦彦

さじ（店舗）

Photo：石島邦彦

伊藤立平建築設計事務所

Tappei Ito Architects

神奈川県 鎌倉市

URL　　　　www.tappeiito.com
Facebook　itotappei
Instagram　@tappeiito
E-mail　　info@tappeiito.com

☑ 住宅　　☑ 店舗　　☑ オフィス　　□ 医療
☑ 公共　　☑ 宿泊施設　☑ 家具　　　□ プロダクト
☑ サイン　☑ グラフィック　☑ その他

伊藤立平が生まれ育った鎌倉、働き始めた大阪を拠点とする建築設計事務所。1974年鎌倉生まれ。東京工業大学大学院総合理工学研究科人間環境システム修了。日建設計勤務を経て2011年より事務所主宰。SDレビュー入選、JIA中国建築大賞特別賞、キッズデザイン賞、ウッドデザイン賞、木材活用コンクール優秀賞等受賞多数。

二本松の農園交流所 (多目的共用施設)

Photo：山田圭司郎 / YFT,

長門おもちゃ美術館 (美術館 / 店舗)

Photo：山田圭司郎 / YFT,

木の風景（ギャラリー／住宅）

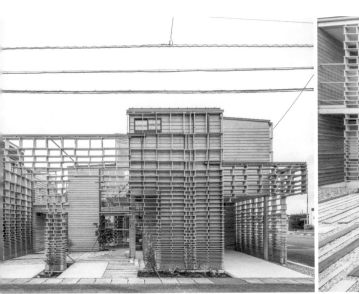

Photo：山田圭司郎／YFT,

087

稲山貴則建築設計事務所

Takanori Ineyama Architects

神奈川県 逗子市
山梨県 笛吹市
URL　　　　 ineyama.jp
Instagram　 @takanoriineyamaarchitects
E-mail　　　 mail@ineyama.jp

☑ 住宅　　☑ 店舗　　☑ オフィス　☑ 医療
☑ 公共　　☑ 宿泊施設　☑ 家具　　☑ プロダクト
☐ サイン　☐ グラフィック　☑ その他

1982年生まれ。東京理科大学工学部建築学科卒業。2014年稲山貴則建築設計事務所設立。木材活用コンクール、サンワカンパニーデザインアワード等受賞多数。イギリスのWallpaper*誌Architects' Directory 2019選出。プロジェクトの価値を探しストーリーのある建築・ものづくりを目指している。

SASAICHI KRAND CAFE（店舗）

Photo：平山 亮

内庭の家（住宅）

Photo：鳥村鋼一

Tab House（住宅）

Photo：鳥村鋼一

KEMURI DESIGN

ケムリデザイン

神奈川県　小田原市
URL　　kemuridesign.myportfolio.com
E-mail　kemuri_pro@ybb.ne.jp

☑ 住宅　　☑ 店舗　　☑ オフィス　　□ 医療
☑ 公共　　☑ 宿泊施設　☑ 家具　　　☑ プロダクト
☑ サイン　☑ グラフィック　☑ その他

彫刻家 藤田明子氏のもとで3年間、野焼き彫刻制作のアシスタントを経験。その後、コルビュジエのロンシャン礼拝堂の存在を知り、建築を彫刻として考えるようになる。古材の扱いを得意とし、古民家等のリノベーションを多く手がける。建築と彫刻と同じ視点で構成していくことが、設計の考え方のベースとなっている。

「暮らしの遊び」ニコカフェ（店舗）

Photo：和田真帆

ぶどう畑のさんぽ道（店舗）

Photo：高梨恭子

GALLERY&FREESPACE オケラハウス（ギャラリー）

Photo：平田好／村上敬

ZUBO D.I.Y. 研究所
(ZUBO UNIT ZERO)

ズボ ディー アイ ワイ ケンキュウジョ

神奈川県 川崎市
URL	www.zubo.jp
Instagram	@fukumiwhy
E-mail	mail@zubo.jp

☑ 住宅　　☑ 店舗　　☑ オフィス　　☐ 医療
☑ 公共　　☐ 宿泊施設　　☑ 家具　　☑ プロダクト
☑ サイン　　☑ グラフィック　　☑ その他

1990年より、壁画やイラストなどに取り組み、生活に拘わる全てのモノをデザインし自ら何でもつくることをテーマにスタート。1995年頃より、リノベーションを中心に店舗内装や住宅、オーダー家具などを手がけている。特に小規模な現場は解体からデザイン施工まで分業せずに一貫して製作している。

町田の保育園 しぜんの国保育園 （保育園）

群馬の保育園 生品保育園（看板／壁画）（保育園）

BLUEDOOR COFFEE（店舗）

田邉雄之建築設計事務所
Yuji Tanabe Architects

神奈川県 鎌倉市
URL　　　　yuji-tanabe.com
Instagram　@yuji_tanabe_yaa
E-mail　　　info@yuji-tanabe.com

☑ 住宅　　☑ 店舗　　☑ オフィス　☑ 医療
☑ 公共　　☑ 宿泊施設　☑ 家具　　☑ プロダクト
☑ サイン　☑ グラフィック ☑ その他

1975年神奈川県鎌倉市生まれ。明治学院大学仏文学科卒業。ICS卒業。芝浦工業大学大学院建設工学専攻修了。bew勤務後、文化庁新進芸術家海外研修制度にてFOA（英国）に勤務。2008年田邉雄之建築設計事務所を設立。ICS、芝浦工業大学非常勤講師。グッドデザイン賞、住宅建築賞、軽井沢緑の景観賞等受賞多数。

ベーカリー&レストラン沢村旧軽井沢（店舗）

Photo：yuji tanabe

5HORN イオンモール松本店（店舗）

Photo：yuji tanabe

ペッタンコハウス2（住宅）

Photo：yuji tanabe

LL house（住宅）

Photo：yuji tanabe

ハイアーキテクチャー

Hi architecture

神奈川県 横浜市
URL   hi-architecture.com
E-mail info@hi-architecture.com

☑ 住宅　☑ 店舗　☑ オフィス　☑ 医療
☑ 公共　☑ 宿泊施設　☑ 家具　☑ プロダクト
☑ サイン　☑ グラフィック　☑ その他

代表 原﨑寛明。1984年佐賀県生まれ、神奈川県育ち。横浜国立大学工学部建設学科卒業。オンデザインパートナーズ勤務を経て、2013年アイボリィアーキテクチュア共同設立。2018年ハイアーキテクチャー設立。横浜を主な活動拠点とし、建築・インテリア・家具の設計、アートプロジェクトへの参画などに取り組む。

銀座の仕事場（オフィス）

Photo：加藤 甫

武蔵新城の部屋（住宅）

Photo：鳥村鋼一

G Innovation Hub YOKOHAMA（シェアオフィス＋コワーキングスペース）

Photo：鳥村鋼一

あかがわ建築設計室

akagawa architect

新潟県 新潟市

URL	akagawa-scot.com
Facebook	akagawa.architect
Instagram	@akagawa_architect
E-mail	info@akagawa-scot.com

- ☑ 住宅　☑ 店舗　☑ オフィス　☐ 医療
- ☐ 公共　☐ 宿泊施設　☑ 家具　☐ プロダクト
- ☑ サイン　☐ グラフィック　☑ その他

1982年新潟県生まれ。2004年神奈川大学工学部建築学科卒。新潟県内の設計事務所、ハウスビルダーなど数社に勤務し多岐にわたる物件やプロジェクトの設計・監理に従事したのちに、2016年独立。主に個人住宅・店舗・オフィス等の設計や施工・および工事監理を行う。

AROMAMA阿賀野 (店舗/サロン)

Photo：鈴木亮平

雄景の家（住宅）

Photo：鈴木亮平

FLÉN（店舗）

Photo：星野裕也

東海林健建築設計事務所
TAKERU SHOJI ARCHITECTS

新潟県 新潟市
URL   www.takerushoji.jp
Facebook   takerushoji.architects
Instagram @takeru_shoji_architects
E-mail   office@takerushoji.jp

☑ 住宅　　☑ 店舗　　☑ オフィス　☑ 医療
☑ 公共　　☑ 宿泊施設　☑ 家具　　☑ プロダクト
☑ サイン　☑ グラフィック　☑ その他

2008年設立。住宅、商業空間、公共空間等、様々な案件を手がける。求められる機能が変わっても、その空間に居ること自体が人として心地よく楽しいことを大切にしている。また、新しい建物が建つことで、所有者や利用者はもちろん、近隣の人たちや通りがかった人たちにも豊かな気分や固有の価値体験を提供したいと考えている。

hara house／中之島の家（住宅）

Photo：村井 勇

m house／魚沼の家（住宅）

Photo：松崎典樹

SDC/燕の歯科医院（医院）

Photo：藤井浩司（ナカサアンドパートナーズ）

スタジオシュワリ一級建築士事務所

studio SHUWARI

☑ 住宅　　☑ 店舗　　☑ オフィス　☑ 医療
☑ 公共　　☑ 宿泊施設　☑ 家具　　☑ プロダクト
☑ サイン　☑ グラフィック　☑ その他

富山県 富山市
URL　　　　www.studio-shuwari.com
Facebook　studioshuwari
Instagram　@studio_shuwari
E-mail　　　shuwari@studioshuwari.com

富山県を拠点に全国で活動、住宅や商業施設を中心に様々なプロジェクトを手がける。クライアントの話をよく聞き、使う人にフィットする空間をつくること、建物が建つ場所の特徴を理解し唯一無二の空間を生み出すこと、地域の技術やクラフト作家とのコラボレーションによりそこでしか生まれないライブ感を大切にした空間づくりを心がけている。

富山地鉄ホテル（宿泊施設）

Photo：谷川ヒロシ（トロロスタジオ）

Le Glouton（店舗）

Photo：谷川ヒロシ（トロロスタジオ）

黒壁のコートハウス（住宅）

Photo：谷川ヒロシ（トロロスタジオ）

中斉拓也建築設計
NAKASAI ARCHITECTS

富山県 富山市
URL　　　　www.nkstky.jp
Instagram　@nkstky.jp
E-mail　　　nakasai@nkstky.jp

☑ 住宅　☑ 店舗　☑ オフィス　☑ 医療
□ 公共　□ 宿泊施設　☑ 家具　□ プロダクト
□ サイン　□ グラフィック　□ その他

1980年富山生まれ。濱田修建築研究所入所を経て、2012年中斉拓也建築設計設立。2014年、2015年富山県建築賞受賞。様々な条件や関係を等価に扱い、それらを整理・デザインしていくことで場所に相応しい建築、心地よい空間を提案できるように努めている。

新川神社参集殿（共有施設）

Photo：新澤一平

duft.（店舗）

Photo：新澤一平

田刈屋の住居（住宅）

Photo：新澤一平

アーキテック（オフィス）

Photo：新澤一平

あとりいえ。

ateliier

石川県 金沢市

URL	ateliier.jp
Facebook	teamnorinori
Instagram	@teamnorinori
E-mail	norinori@ateliier.jp

2010年に設立された、やまだのりこ主宰の事務所。金沢で町家改修、空き家活用、リノベーションを中心に活動している。2008年から金沢工業大学非常勤講師、2011年から金沢美術工芸大学非常勤講師を務める。また、2009年から、取り壊される町家の最後を彩り、見送るという「おくりいえプロジェクト」も手がけている。

Kenroku旅音（宿泊施設）

Photo：迎写真事ム所

108

高木屋金物店（店舗）

Photo：迎写真事ム所

蒼風庵（宿泊施設）

Photo：迎写真事ム所

109

岡田翔太郎建築デザイン事務所

Shotaro Okada Architects

石川県 七尾市

URL　　　　www.shotaro-okada.com
Facebook　ShotaroOkadaArchi
Instagram　@shotaro_okada_archi
E-mail　　　s.o@shotaro-okada.com

☑ 住宅　　☑ 店舗　　☑ オフィス　☑ 医療
☑ 公共　　☑ 宿泊施設　☑ 家具　　☑ プロダクト
☑ サイン　☑ グラフィック　☑ その他

1990年生まれ。2014年九州大学芸術工学部環境設計学科卒業、岡田翔太郎建築デザイン事務所設立。石川県七尾市を拠点とし、広域で住宅、店舗、旅館等の設計を手がける。近年、南大呑集落で大呑村構想計画が進行中。人、文化、自然といったあらゆる与条件に対し寄り添いながら設計することを大切にしている。

重層長屋の家（住宅）

Photo：RYOJI KUDAKA

粋な屋坂本（店舗）

和倉温泉旅館多田屋（宿泊施設）

KELUN

ケルン

石川県 白山市

URL	kelun-kelun.net
Instagram	@inamoriyasuhito
E-mail	info@kelun-kelun.net

☑ 住宅　☑ 店舗　☑ オフィス　☐ 医療
☑ 公共　☑ 宿泊施設　☑ 家具　☐ プロダクト
☐ サイン　☐ グラフィック　☐ その他

代表 稲森予人。1985年石川県生まれ。2013年KELUN設立。石川県を中心に住宅や空間デザインを行う建築設計事務所で、田んぼにぐるりと囲まれた住宅地でのんびり営業中。第38回石川建築賞入選、「黒板教室」で第44回石川県デザイン展石川県デザイン展開催委員会委員長賞を受賞。

黒板教室（学校）

Photo：KELUN

T日 (住宅)

Photo：KELUN

010 (住宅)

Photo：KELUN

スウェイデザイン

SWAY DESIGN

石川県 金沢市
URL　　　　sway-design.jp
Facebook　swaydesign.jp
Instagram　@sway_design
E-mail　　　info@sway-design.jp

☑住宅　　☑店舗　　☑オフィス　　☑医療
☐公共　　☑宿泊施設　☑家具　　　☐プロダクト
☑サイン　☐グラフィック　☐その他

建築・不動産の領域で「今よりよい」を継続的に提供することを目指し、リノベーションを中心とした建築設計と工事を行う。設計から派生し、遊休不動産の活用提案や解体コンサル、空き家の買取再販など幅広い事業に取り組む。不動産所有の仕組みや住まい方、働き方も含めて、未来に持続可能な方法をデザインすることを活動指針にしている。

みちこのそばと甘味処 (店舗 / オフィス)

Photo：イマデラガク

IEMORI社屋（オフィス）

iomare（店舗）

片山津の住宅（住宅）

谷重義行建築像景

Tanishige Architect Office

石川県 金沢市

URL	www.archi-tao.jp
Facebook	architao
E-mail	tao@spacelan.ne.jp

☑ 住宅　　☑ 店舗　　☑ オフィス　　☑ 医療
☑ 公共　　☑ 宿泊施設　☑ 家具　　　☑ プロダクト
☐ サイン　☐ グラフィック　☐ その他

1984～88年設計事務所ゲンプラン東京事務所。1989～01年国立石川工業高等専門学校文部教官講師。1991～92年ケニア共和国ジョモ・ケニアッタ農工大学講師。2001年～谷重義行建築像景主宰。建築設計の役割を個人、社会、環境の各ステージで意識し、最終的には建築全体が醸し出す空気感を大切にしたいと考えている。

GV HOUSE〈住宅〉

Photo：谷重義行

内原の家（住宅）

本宮のもり幼保園（幼稚園）

栗ヶ沢バプテスト教会（教会）

Photo：谷重義行

117

ヒャッカ
hyakka Inc.

福井県 福井市
URL   mrhr.jp
Facebook   mrhr.jp
Instagram @kabuhyakka
E-mail   info@mrhr.jp

☑ 住宅　☑ 店舗　☑ オフィス　☑ 医療
☑ 公共　☑ 宿泊施設　☑ 家具　☐ プロダクト
☐ サイン　☐ グラフィック　☑ その他

2017年設立。「環境・社会・人」が抱える様々な関係性や諸問題を
ひも解いて整理し、物事の解決を図りながら、様々なモノやコトづくり
を通し、社会が潤う価値を生みだしている。受賞歴：建築士会連合
会賞、日事連建築賞、中部建築賞、グッドデザイン賞、他。

ヒュッテナナナ（事務所 / セカンドハウス）

Photo：高野友実（上・下右）/ 明 直樹（下左）

安島の新屋（住宅）

Photo：明 直樹

熊坂アネックス（住宅）

Photo：明 直樹

林の中に住む。（住宅）

Photo：明 直樹

アトリエいろは一級建築士事務所

IROHA CRAFT

☑ 住宅	☑ 店舗	☑ オフィス	☑ 医療
☑ 公共	☑ 宿泊施設	☑ 家具	☑ プロダクト
☑ サイン	☑ グラフィック	☑ その他	

山梨県 韮崎市

URL　　　　www.atelier-iroha.com
Facebook　irohacraft
Instagram　@iroha_craft
E-mail　　　hello@atelier-iroha.com

2010年設立。一番大切にしているモノは『想い』。ずっと住み継がれ、使い継がれてゆく建物づくりを目指している。リノベーションを得意とし、空き家が多い山梨でリノベ文化を広めるためにも今後活動していく予定。住宅から店舗まで、物件探しから設計・施工までトータルサポートしている。

アメリカヤビル（複合商業施設）

Photo：土屋 誠（BEEK）

chAho Hostel Nirasaki / Outdoor Base（宿泊施設）

Photo：土屋 誠（BEEK）

川上の家（住宅）

Photo：土屋 誠（BEEK）

一級建築士事務所
studioPEAK1 わだたかひろ

スタジオピークワン

山梨県 北杜市
URL　　　domehouse.info
E-mail　　domehouse@studiopeak1.jp

☑ 住宅　　☑ 店舗　　☑ オフィス　　☑ 医療
☑ 公共　　☑ 宿泊施設　☑ 家具　　　☑ プロダクト
☐ サイン　☐ グラフィック　☑ その他

代表 和田啓宏。東京理科大学にて建築工学士を取得。包建築設計工房（前田光一氏）、LANDship（秋山東一氏）を経て独立。集熱屋根による自然エネルギー住宅の設計と共に、三角構造を用いて最小限の材料で最大限の空間を実現する「木造フラードーム構造」の研究開発を行う。柱も梁も不要の構造体を用い、丸い空間を生み出す。

14Mドームハウス (住宅)

Photo：牛尾幹太

11Mドームハウス（住宅）

撮影協力：イエフォト

スズケン一級建築士事務所
SUZUKEN Architectural Design Office

長野県 長野市
URL　　　suzuken.archi
Facebook　suzuken.archi
E-mail　　suzuki@suzuken.archi

☑ 住宅　　☑ 店舗　　☑ オフィス　　☐ 医療
☑ 公共　　☑ 宿泊施設　☑ 家具　　　☑ プロダクト
☐ サイン　☐ グラフィック　☑ その他

1974年名古屋生まれ。東海大学大学院建築工学専攻科博士課程前期修了、アトリエ・チンク建築研究所（現acaa）勤務後、独立。2005年にスズケン一級建築士事務所設立。光や風や手触り、空間の豊かさや周辺環境との関わり、さらに建築を通して世代を超えて伝わるメッセージまでも考慮して設計していきたいと考えている。

凸版印刷 ICT KŌBŌ（オフィス）

Photo：SIROKURO

あい天正堂鍼灸院（鍼灸院）

Photo：Eugene Makino

ほんとのいえ（住宅）

Photo：畑 亮

ReBuilding Center JAPAN

リビルディングセンタージャパン

長野県 諏訪市

URL	rebuildingcenter.jp
Facebook	ReBuildingCenterJAPAN
Instagram	@rebuildingcenterjp
E-mail	info@rebuildingcenter.jp

☑ 住宅　☑ 店舗　☑ オフィス　☐ 医療
☑ 公共　☑ 宿泊施設　☑ 家具　☑ プロダクト
☐ サイン　☐ グラフィック　☑ その他

カフェを併設した建築建材のリサイクルショップ。空き家を活用した店舗の設計や古材を使用したプロダクトのデザイン・制作を行なっている。既存の状態を活かし、現場の廃材を活用し、建物や素材が持つストーリーを大切にし、末長く店舗に関わる人に愛される空間づくりを目指す。住宅設計はG2クラス以上の断熱改修エコハウスのみ行う。

農と土の宴どころ NODO（店舗）

リビセンエコハウス（住宅）

Photo：ReBuilding Center JAPAN

ReBuilding Center JAPAN（店舗）

Photo：ReBuilding Center JAPAN

127

evergreen

エバーグリーン

岐阜県 安八郡
URL	www.evergreen-design.jp
E-mail	info@evergreen-design.jp

☑ 住宅　☑ 店舗　☑ オフィス　☐ 医療
☑ 公共　☑ 宿泊施設　☑ 家具　☑ プロダクト
☑ サイン　☐ グラフィック　☑ その他

evergreenは、庭づくりも得意な設計事務所。「家」と「庭」が一緒になって「家庭」になるという考えのもと、内外を同時に設計することで、暮らしが風景に溶け込み、「ひとつ」となる家を創っている。建築設計、外構・造園設計、そのほか住まいに関わるデザインをトータルに手がける。

ハナノイエ（住宅）

Photo：谷川ヒロシ（トロロスタジオ）

NODATE（茶室 / インスタレーション）

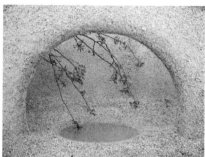

Photo：河合憲弘（evergreen）

ニワノイエ（住宅）

Photo：谷川ヒロシ（トロロスタジオ）

Più Design

ピュウデザイン

岐阜県 岐阜市
URL　　　　www.piu-design.com
Instagram　@piudesign.dipiu
E-mail　　　info@piu-design.com

☑ 住宅　☑ 店舗　☑ オフィス　☑ 医療
☑ 公共　☑ 宿泊施設　☑ 家具　☑ プロダクト
☑ サイン　☑ グラフィック　☑ その他

代表 白木昭嘉。1977年生まれ。名古屋芸術大学卒業。2004年Più Design設立。設計が第一にならない、クライアントに寄り添った創作と、独自の世界観を大切に住宅や店舗の設計、グラフィックデザイン等を手がける。服を着るように、良い食事をするように、家も店も住み過ごすものと考え、清らかで美しい生活の場をつくる。

ツキノワ喫茶（店舗）

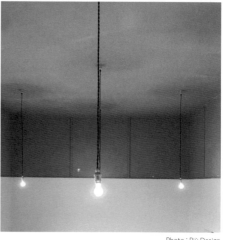

Photo：Più Design

鵜沼のいえ（住宅）

Photo：Più Design

上川手のいえ（住宅）

Photo：Più Design

丸山建築

maruyama architects office

岐阜県 高山市

URL	maruyama-arc.com
Facebook	有限会社 丸山建築
Instagram	@maruyama_architects
E-mail	info@maruyama-arc.com

☑ 住宅　☑ 店舗　☑ オフィス　☐ 医療
☐ 公共　☑ 宿泊施設　☑ 家具　☑ プロダクト
☑ サイン　☑ グラフィック　☑ その他

1972年創業。住宅を中心に、店舗・オフィスの設計・施工を手がける会社。クライアントの求める空間をつくりだすために、工務店であるメリットを生かし「comfortable・design・cost」を担保したものづくりを心がけている。

松本の家（住宅）

Photo：香賀万里和

松本の家II（住宅）

Photo：池戸比呂志

Pizzeria Serico（店舗）

Photo：香賀万里和

133

武藤圭太郎建築設計事務所
KEITARO MUTO ARCHITECTS

岐阜県 岐阜市

URL	mut-archi.com
Facebook	keitaromutoarchitects
Instagram	@keitaro_muto
E-mail	keitaromuto@gmail.com

☑ 住宅　　☑ 店舗　　☑ オフィス　　☑ 医療
☑ 公共　　☑ 宿泊施設　☑ 家具　　　☑ プロダクト
☐ サイン　☐ グラフィック　☐ その他

1979年岐阜県生まれ。明治大学理工学部建築学科卒業。明治大学大学院理工学研究科建築学専攻修了。2010年武藤圭太郎建築設計事務所設立。大同大学非常勤講師。公共建築から住宅、店舗、オフィス等幅広く設計を行う。クライアントの要望や敷地の特徴を注意深く読み取り、世界に一つだけの建築を提案する。

日野の大屋根（住宅）

Photo：HIROSHI TANIGAWA

西改田の二世帯住宅（住宅）

mimosa（店舗）

SHINKOU LINE（事務所 / 倉庫）

安江怜史建築設計事務所
REIJI YASUE ARCHITECTS

岐阜県 岐阜市

URL	ry-arch.com
Facebook	reijiyasuearchitects
Instagram	@reijiyasuearchitects
E-mail	info@ry-arch.com

☑ 住宅　☑ 店舗　☑ オフィス　☑ 医療
☑ 公共　☑ 宿泊施設　☑ 家具　☑ プロダクト
☐ サイン　☐ グラフィック　☑ その他

1980年愛知県生まれ。2002年滋賀県立大学卒業。2014年安江怜史建築設計事務所設立。住宅を中心に保育園、店舗、まちづくりなど幅広く活動している。キッズデザイン賞、エコハウス大賞、リノベーションオブザイヤー等受賞。

大野町のいえ（住宅）

Photo：安江怜史建築設計事務所

北名古屋のリノベーション（住宅）

Photo：安江怜史建築設計事務所

そらのまちほいくえん（保育園）

Photo：安江怜史建築設計事務所

137

青木設計事務所

aoki architects

静岡県 静岡市
URL　　　　aokiarchi.jp
Facebook　青木設計事務所-1729602070602070
Instagram　@aokiarchi
E-mail　　　nobu@aokiarchi.jp

☑住宅　　☑店舗　　☐オフィス　　☐医療
☐公共　　☐宿泊施設　☐家具　　　☐プロダクト
☐サイン　☐グラフィック　☑その他

青木信浩と青木良介の親子主宰の建築事務所。大切にしていることは、その場所らしさ、その人らしさ。各々が感じる心地良い空間や好きだと思える空間を、時にはタイルアートやペイントアートで表現することも。色彩豊かで体温のある空間を、ひとつずつ丁寧に美しくしつらえている。

加藤先生の家（住宅）

Photo：青木設計事務所

138

スカイリビング（住宅）

Photo：青木設計事務所

長倉さんの家（住宅）

Photo：青木設計事務所

WEST COAST DESIGN

ウエストコーストデザイン

静岡県 静岡市

URL	www.westcoastdesign.co.jp
Facebook	West Coast Design
Instagram	@westcoastdesign_team328
E-mail	info@westcoastdesign.co.jp

☑住宅　　☑店舗　　☑オフィス　　☑医療
☐公共　　☑宿泊施設　☑家具　　　☐プロダクト
☑サイン　☐グラフィック　☑その他

シアトル出身の建築家が率いる設計事務所＋工務店。建築デザインの提案と企画力が強み。オーセンティックでオリジナルな2カ国の体験を融合させた素材と色彩感覚。施主とその土地や場所を活かした、後世にしっかりと残る、あたかも造り方を物語るような空間。デザインを通じて街並みを変える。そんな仕事を手がけている。

Without Order（店舗）

Photo：Commune graphica

Hilltop NW Modern（住宅）

Photo：Commune graphica

Living the Craft Whiskey Dream（工場）

Photo : Commune graphica

勝亦丸山建築計画
KATSUMATA MARUYAMA ARCHITECTS

静岡県 富士市

URL	katsumaru-arc.com
Facebook	kmarchi
Instagram	@kma_share
E-mail	info@katsumaru-arc.com

☑ 住宅　　☑ 店舗　　☑ オフィス　☑ 医療
☑ 公共　　☑ 宿泊施設　☑ 家具　　☑ プロダクト
☑ サイン　☑ グラフィック　☑ その他

静岡県富士市と東京都北区を拠点として活動する勝亦優祐と丸山裕貴の建築設計ユニット。クライアントとのコミュニケーションの中から、共にアイデアを研ぎ澄ましていく。空間の使い手の気持ちを理解するために、シェアハウスやイベント等の場の運営を行っている。

吉祥寺の理容室（店舗）

Photo：千葉正人

石神井台の住宅（住宅）

Photo：千葉正人

142

富士のクライミングジム（スポーツ施設）

Photo：千葉正人

ツクリト建築設計事務所

Tukurito Architects

静岡県 沼津市
URL　　　　www.tukurito.com
Facebook　TukuritoArchitects
Instagram　@tukurito
E-mail　　　masahi_ta@yahoo.co.jp

☑ 住宅　　☑ 店舗　　☑ オフィス　☑ 医療
☑ 公共　　☑ 宿泊施設　☑ 家具　　☑ プロダクト
☐ サイン　☐ グラフィック　☐ その他

代表 高田昌彦。静岡県東部を拠点として、住宅、店舗、宿泊施設等を設計している。建物はその敷地、利用する人、関係する事により求められるものは異なる。それぞれが置かれている状況にあわせて、何が必要なのかを真剣に考え、丁寧なモノづくりを心がけている。グッドデザイン賞、中部建築賞、家づくり大賞、住まいの文化賞受賞。

コナステイ伊豆長岡（宿泊施設）

Photo：傍島利浩

144

dolip（店舗／住宅）

Photo：傍島利浩

Arakabe（住宅）

Photo：傍島利浩

YLANG YLANG

イランイラン

愛知県 名古屋市
URL	ylang-ylang.org
Facebook	YLANGYLANG.org
Instagram	@ylangylangfujikawa
E-mail	info@ylang-ylang.org

☑ 住宅　　☑ 店舗　　☑ オフィス　　☑ 医療
☑ 公共　　☑ 宿泊施設　☑ 家具　　　☑ プロダクト
☐ サイン　☐ グラフィック　☑ その他

2010年YLANGYLANG設立。華美な装飾よりもずっと寄り添っていられるデザインを、女性的な感性と男性的な感性をバランス良く取り組み、使い手、住まいに寄り添って細部まで美しく丁寧に落とし込んでいく。

le Lotus（店舗）

Photo：Tomooki Kengaku

Hair komorebi（店舗）

Photo : Tomooki Kengaku

T house（住宅）

Photo : Tomooki Kengaku

AIRHOUSE

エアーハウス

愛知県 名古屋市
URL　　　www.airhouse.jp
E-mail　　info@airhouse.jp

☑ 住宅　　☑ 店舗　　☑ オフィス　　☑ 医療
☑ 公共　　☑ 宿泊施設　☑ 家具　　　☑ プロダクト
☑ サイン　☑ グラフィック　☑ その他

建築家 桐山啓一が主宰する建築事務所。2009年同事務所設立。建主の思いを前提に、ハイエンドかつ個性が生む空気感を持った空間をつくるべく、東海地方を中心に全国で活動中。第6回木質空間建築賞住宅賞、第47回中部建築賞、The 13th (2015) ModernDecoration International Media Award (China)年間住宅大賞等 受賞暦多数。

Tôt le Matin Boulangerie（店舗）

Photo：矢野紀行

養老のリノベーション（住宅）

Photo：矢野紀行

高尾の家（住宅）

Photo：矢野紀行

studiovelocity 一級建築士事務所

スタジオヴェロシティ

愛知県 岡崎市
URL　　　　www.studiovelocity.jp
E-mail　　　info@studiovelocity.jp

☑ 住宅　　☑ 店舗　　☑ オフィス　☑ 医療
☑ 公共　　☑ 宿泊施設　☑ 家具　　☑ プロダクト
☑ サイン　☑ グラフィック　☑ その他

2006年studiovelocity設立。名古屋の美容室「曲線の小さなワンルーム」や「空の見える下階と街のような上階」「愛知産業大学　言語・情報共育センター」「都市にひらいていく家」等、様々なプログラムの建築を手がける。近作では「美浜町営住宅河和団地」、「山王のオフィス」など公共建築や県外へも活動範囲を拡大している。

愛知産業大学 言語・情報共育センター（教育施設）

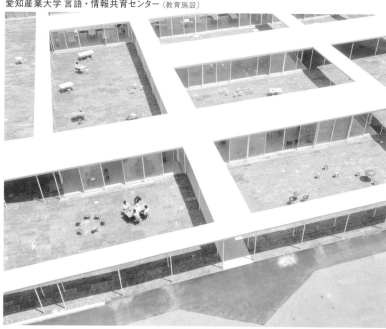

Photo：studiovelocity一級建築士事務所

生垣の中の家（住宅）

Photo：studiovelocity一級建築士事務所

山王のオフィス（オフィス）

Photo：studiovelocity一級建築士事務所

スーパーモンキープロジェクト
SUPER MONKEY PROJECT

三重県 津市
東京都 江東区
URL　　　　super-monkey.co.jp
Instagram　@smp_architect / @oza.photography
E-mail　　　info@super-monkey.co.jp

☑ 住宅　　☑ 店舗　　☑ オフィス　☑ 医療
☐ 公共　　☑ 宿泊施設　☑ 家具　　☑ プロダクト
☑ サイン　☑ グラフィック　☑ その他

土地探しから企画・設計・インテリアデザイン（家具・照明等）・グラフィックデザイン（店舗系サイン及び印刷物）・施工まで幅広く提案。それぞれの場所・目的に合った「素材＋デザイン性」あるモノづくりと人を幸せにする無限の可能性を軸に、小さな事務所だからこそ、クライアントと向き合い、寄り添うことを心がけている。

MY-HOUSE（住宅）

Photo：加納 準

迎旬とうり（店舗）

Photo：高橋達也

TAKEDA GAS（事務所 / 店舗）

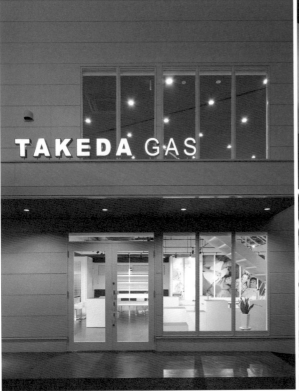

Photo：高橋達也

ヨネダ設計舎
YONEDA architectural design

三重県 松阪市

URL	www.yonedasekkeisha.com
Facebook	yonedasekkeisha
Instagram	@yoneda_masaki
E-mail	tree-office@ms1.mctv.ne.jp

☑ 住宅　☑ 店舗　☑ オフィス　☑ 医療
☑ 公共　☑ 宿泊施設　☑ 家具　☐ プロダクト
☑ サイン　☑ グラフィック　☑ その他

建築の企画、設計、監理、家具のデザイン、マチとヒトと環境をつなぐ活動等、三重県を拠点に多岐にわたって活躍。手がける設計の結果が、このひとびと、この場所、この時間だからこそうまれた記憶の原初となることを願い活動している。2018年度第19回日本建築家協会JIA環境建築賞「4+1HOUSE」優秀賞受賞。

A家（住宅）

Photo：浅田政志

納屋の美容室（店舗）

Photo：Takashi Uemura

O'BLD3726（住宅 / オフィス）

Photo：Hiroshi Tanigawa

Architectural Design 家吉

家吉建築デザイン

滋賀県 蒲生郡
URL　　　　www.iekichi.com
Facebook　iekichi
Instagram　@iekichidesign
E-mail　　　design-time@iekichi.com

☑ 住宅　　☑ 店舗　　☑ オフィス　☑ 医療
☐ 公共　　☑ 宿泊施設　☑ 家具　　☐ プロダクト
☐ サイン　☐ グラフィック　☑ その他

代表 若山 勉。2004年滋賀県立大学大学院環境計画学専攻(修士)修了。2008年Architectural Design家吉設立。そこに住まう人たちや周囲の環境に寄り添うような、移り行く季節や時間に寄り添うような、そんな建築を目指している。クライアントや敷地との対話から、固有解を見つけ出し、美しくそれでいて親しみの持てる建築を提案する。

サカエヤ+セジール (店舗)

Photo：川村憲太

158

NONNA（店舗）

Photo：Architectural Design 家吉

早刈の家（住宅）

Photo：Architectural Design 家吉

江崎の家（住宅）

Photo：Architectural Design 家吉

ALTS DESIGN OFFICE

アルツデザインオフィス

滋賀県 甲賀市

URL	alts-design.com
Facebook	ALTS.DESIGN.OFFICE
Instagram	@alts_design_office
E-mail	info@alts-design.com

☑ 住宅 ☑ 店舗 ☑ オフィス ☑ 医療
☐ 公共 ☑ 宿泊施設 ☑ 家具 ☑ プロダクト
☐ サイン ☐ グラフィック ☐ その他

滋賀と京都を中心に活動。ALTキーから社名を付け、複数人で運営していることからSを付けALTSとした。ALTキーは、他のキーと一緒に押すことで、そのキーの機能を変えられる。各々では単体の機能しか果たさないことでも、クライアントと私たちが交わることにより、新しいものが生まれる。デザインで世の中を豊かにしたいと考えている。

寺庄の家（住宅）

Photo：川村憲太

大江の家（住宅）

Photo：ドローンITP企画

下戸山のリノベーション（住宅）

Photo：川村憲太

みいちゃんのお菓子工房（店舗）

Photo：山田雄太

KAILUA Architectural Design

カイルア

滋賀県 近江八幡市

URL	kailua.jp
Facebook	Kailua architects
Instagram	@yukari_shibamiya_kailua
E-mail	y.shibamiya13@gmail.com

☑ 住宅　　☑ 店舗　　☑ オフィス　☑ 医療
☑ 公共　　☑ 宿泊施設　☑ 家具　　☑ プロダクト
☑ サイン　☑ グラフィック ☑ その他

代表 柴宮由香理。2016年事務所設立、2018年自邸（SWHOUSE）を建築、ホームワークのベースが完成し現在に至る。8歳の娘の母親でもあり、子育てとデザイナーの垣根をつくらない生き方をしていく中で、時間にコミットするデザインスタイルを推奨し、多様性にあふれた豊かな暮らしを考え続けていく。

IC 京町屋（店舗）

大宅の家（住宅）

SWHOUSE（住宅）

Photo：川村憲太（tametoma）

COLOR LABEL DESIGN OFFICE

カラーレーベル デザインオフィス / 殿村明彦

☑ 住宅　　☑ 店舗　　☑ オフィス　☑ 医療
☑ 公共　　☑ 宿泊施設　☑ 家具　　☑ プロダクト
☑ サイン　☑ グラフィック　☑ その他

滋賀県 彦根市
URL　　　　colorlabel-design.com
Instagram　@tonomura_akihiko
E-mail　　　info@colorlabel-design.com

建築家 殿村明彦が率いる建築設計事務所。住宅、商業空間、会場構成、ランドスケープ、プロダクト等、仕事の範囲は多岐にわたる。滋賀を拠点に全国でプロジェクトを手がける。建築事務所の他に建築家がセレクトしたモノに出会えるセレクトショップを開業。大学講師など活動の幅も広がっている。

琵琶湖を望む別荘に緑を感じ住む　彦根新海浜の家 (住宅)

Photo：駒井孝則／山分正英

ヴィンテージ家具と植物と木とテグラがつくりだす空間　東琵琶湖の家（住宅）

Photo：川島英雄

表れた躯体との調和　世田谷区粕谷の家（住宅）

Photo：古末拓也

川島裕一建築設計事務所
YUICHI KAWASHIMA ARCHITECTS

☑ 住宅　☑ 店舗　☑ オフィス　☑ 医療
☑ 公共　☑ 宿泊施設　☑ 家具　☑ プロダクト
☑ サイン　☑ グラフィック　☑ その他

滋賀県 近江八幡市
URL　　　　www.kwsm.jp
Facebook　yickwsm
Instagram　@yickwsm
E-mail　　　yk@kwsm.jp

1981年滋賀県生まれ。時間・光・風・熱・湿・音・重力・気配等、目には見えない多様な現象と、人・動物・植物が複雑に交流する環境での建築の可能性に興味がある。住宅は地域環境との付き合い方を前提におおらかな空間を、店舗やオフィス等の公共施設は地域の社会的な役割を考え、時代を超えて長く愛される建築を目指す。

ヨリアイマチヤ（レンタルスペース）

Photo：山崎純敬

166

HOUSE B（住宅）

Photo：山崎純敬

HOUSE in OWAKI（住宅）

Photo：山崎純敬

タクタク

Taku Taku

滋賀県 長浜市
URL　　　　www.kuni-yasu.com
Instagram　@ takutaku_kuniyasu
E-mail　　　info@kuni-yasu.com

☑ 住宅　　☑ 店舗　　☑ オフィス　　☑ 医療
☑ 公共　　☑ 宿泊施設　☑ 家具　　　□ プロダクト
□ サイン　□ グラフィック　□ その他

武田邦康と粂名 武が主宰する一級建築士事務所。2015年設立。住宅、店舗、リノベーションの設計まで幅広く実施。業務内容に応じて個人、ユニットを使い分けながら社会に向けて積極的に活動している。2014年グッドデザイン賞を住宅とリノベーションでダブル受賞。

長浜朝日の家（住宅）

Photo：川村憲太 (tametoma)

浜松の家〈住宅〉

Photo：川村憲太（tametoma）

竜王のリノベーション〈住宅〉

Photo：川村憲太（tametoma）

ハース建築設計事務所
HEARTH ARCHITECTS

滋賀県 甲賀市
URL　　　　hearth-a.com
Facebook　HEARTH.ARCHITECTS
Instagram　@hearth_architects
E-mail　　info@hearth-a.com

☑ 住宅　　☑ 店舗　　☑ オフィス　☑ 医療
☐ 公共　　☑ 宿泊施設　☑ 家具　　☐ プロダクト
☐ サイン　☐ グラフィック　☑ その他

住宅の設計監理をメインに活動。「時をつむぐ、豊かな住まい」を目指し、人と自然に寄り添う豊かな空間を心がけている。デザインはシンプルかつ機能性の高い空間でありながら、光の陰影や空間の抜け感、五感で感じる豊かさ等、質にもこだわる。建築士としてこだわりは持ちつつ、一番はクライアントに寄り添える存在であればと思う。

野洲の家（住宅）

Photo：山田雄太

hideout（オフィス / ギャラリー）

松栄の家（住宅）

多田正治アトリエ

td-Atelier

京都府　京都市
URL　　　　www.td-ms.com
E-mail　　　tadamasa20@td-ms.com

☑ 住宅　　☑ 店舗　　☑ オフィス　　☑ 医療
☑ 公共　　☑ 宿泊施設　☑ 家具　　　☑ プロダクト
☐ サイン　☐ グラフィック　☑ その他

坂本昭・設計工房CASAを経て、2006年京都にて設立。関西や熊野を中心に、建築設計、グラフィックや家具、地域再生等トータルなモノ・コトづくりを行う。プロジェクトの企画や運営、施工等に関わることで、建築と人や社会の関係性を目指す。近畿大学建築学部非常勤講師。京都建築賞奨励賞、Local RePublic Award など受賞。

mugen plus〔宿泊施設〕

共同設計：遠藤正二郎（ENDO SHOJIRO DESIGN）　Photo：松村康平

神上中学校の水平面（家具）

共同設計：近畿大学 佐野こずえ研究室　Photo：多田正治アトリエ

くまの就労支援センター ヨリドコ（福祉施設）

Photo：松村康平

オトヤド イクハ（宿泊施設）

共同設計：遠藤正二郎（ENDO SHOJIRO DESIGN）　Photo：松村康平

akka

アッカ

大阪府 大阪市
URL   akka-a.com
Instagram   @akka_archi
E-mail   info@akka-a.com

☑ 住宅　　☑ 店舗　　☑ オフィス　　☐ 医療
☐ 公共　　☑ 宿泊施設　☑ 家具　　　☐ プロダクト
☑ サイン　☐ グラフィック　☑ その他

2007年akka一級建築士事務所設立。2018年akka Ltd.に改組。クライアントの小さな要望から、人・猫等みんなが楽しく暮らせる住まいを夫婦両方の目線で提案している。多様な木造架構や鍋の収納まで、空間を造る要素の可能性を大切に設計を行う。新築住宅、集合住宅、大規模改修なども手がける。

ぽけっとぶんこ（子供のための私設図書室）

Photo：笹倉洋平

bird house（住宅）

Photo：小川重雄

北仲之町ゲストハウス（宿泊施設）

Photo：笹倉洋平

arbol 一級建築士事務所

アルボル

大阪府 大阪市

URL	www.arbol-design.com
Facebook	arbol.design.architect
Instagram	@arbol_design
E-mail	info@arbol-design.com

☑ 住宅　☑ 店舗　☑ オフィス　☑ 医療
☑ 公共　☑ 宿泊施設　☑ 家具　☑ プロダクト
☑ サイン　☑ グラフィック　☑ その他

シンプルで、温かみをテーマにした大阪の建築設計事務所。「その場所に、その時代に、しっかりと根を張りまわりの建物や風景だけではなく時間や土地が持つ文脈と溶け合うように。」を大切に、自然とどう向き合うかを考えながら活動中。シンプルで機能的であり、心地よく健康に過ごせるように自然なかたちを建築することを掲げている。

はなれ（宿泊施設）

Photo：下村康典

河内長野の家（住宅）

Photo：下村康典

大蓮の家（住宅）

Photo：下村康典

INTERIOR BOOKWORM CAFE

インテリア　ブックワーム　カフェ

☑ 住宅	☑ 店舗	☑ オフィス	☐ 医療
☑ 公共	☑ 宿泊施設	☐ 家具	☐ プロダクト
☐ サイン	☐ グラフィック	☐ その他	

大阪府　大阪市

URL	interiorbookwormcafe.com
Facebook	Interior bookworm cafe
Instagram	@interior.bookworm.cafe
E-mail	interiorbookwormcafe@icloud.com

気軽に訪れてもらえるようにとの思いでブックカフェに設計事務所を併設。クライアントの要望から、まずコンセプト・サブテーマを導く。コンセプト、設計デザイン、模型での空間把握、の3つに力を入れており、施工も行うこともある。ブックカフェでは海外のデザイン雑誌を取り扱い、コーヒーを飲みながらの閲覧が可能。

AMIACALVA（店舗）

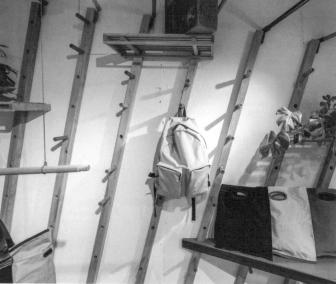

Photo：Stirling Elmendorf

green stand（店舗）

Photo：インテリア ブックワーム カフェ

WOLISU（オフィス）

Photo：インテリア ブックワーム カフェ

とろとろGUESTHOUSE（店舗）

Photo：インテリア ブックワーム カフェ

179

ninkipen! 一級建築士事務所

ニンキペン！

大阪府 大阪市
URL	www.ninkipen.jp
Facebook	ninkipen
Instagram	@ninkipen
E-mail	imazu@ninkipen.jp

☑住宅　☑店舗　☑オフィス　☑医療
☑公共　☐宿泊施設　☑家具　☑プロダクト
☑サイン　☐グラフィック　☐その他

代表 今津康夫。1976年山口県生まれ。大阪大学建築工学科修士課程修了。遠藤剛生建築設計事務所勤務を経て、2005年独立。2011年JCD DESIGN AWARD 2011銀賞、2015年日本建築士会連合会賞奨励賞、2018年土木学会デザイン賞優秀賞受賞。近畿大学非常勤講師、神戸芸術工科大学非常勤講師。

いとう日和（店舗）

Photo：河田弘樹

と（住宅）

Photo：河田弘樹

NEW LIGHT POTTERY（ギャラリー）

Photo：河田弘樹

masayuki takahashi design studio

高橋真之

大阪府 吹田市
URL　　　　www.masayukitakahashi.com
Facebook
Instagram　@masa_takahashi
E-mail　　　info@masayukitakahashi.com

☑ 住宅　　☑ 店舗　　☑ オフィス　　☐ 医療
☐ 公共　　☑ 宿泊施設　☑ 家具　　　☑ プロダクト
☑ サイン　☑ グラフィック　☑ その他

私の仕事は「空気を整える」ことだと考えている。空間をデザインする時、いつもその場所とそこに在る人が本来持っている空気感を大切にしている。流れる時間、ひかり、空気、気配を感じ取り、それらの小さな断片を掬い集めてどんな新しい風景を想像し創り出せるか。物と余白が静かに共存するような空間を追い求めて。

履物 関づか｜岩倉 AA（店舗）

Photo：笹倉洋平（笹の倉舎）

toripie kyoto（店舗）

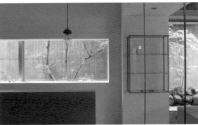

Photo：mtds

甲陽園の家（住宅）

Photo：笹倉洋平（笹の倉舎）

無由（住宅）

Photo：mtds

ミメイシスデザイン

Mimasis Design

大阪府 大阪市

URL	mimasis-design.com
Facebook	mimasis.design
Instagram	@suzukiyoshiyuki
E-mail	info@mimasis-design.com

関西で住宅設計を中心に生活にまつわる空間や道具を企画・デザインしている夫婦主宰の事務所。住まい手の価値観やライフスタイルを映し出す「人となり」やそのモノや場所の持つ魅力を最大限に引き出す「らしさ」を大切にデザインしている。自然な「らしさ」がじんわり感じられる。それが私たちのしごとである。

akordu (店舗/宿泊施設)

Photo：Y-Tukide & Mami Takesue

Tea room in Iga（茶室）

Photo：Yoshiyuki Suzuki

House in Minamitawara（住宅）

Photo：Koichi Okuwaki

House in Funamachi（住宅）

Photo：Yohei Sasakura

185

小松一平建築設計事務所
IPPEI KOMATSU ARCHITECTS

奈良県 奈良市
URL　　　kmta.jp
E-mail　　mail@kmta.jp

☑ 住宅　　☑ 店舗　　□ オフィス　　□ 医療
☑ 公共　　☑ 宿泊施設　☑ 家具　　☑ プロダクト
☑ サイン　☑ グラフィック　☑ その他

奈良を拠点に活動。価値観の転換が求められている今、社会をもう一度見つめ、この先どんな建築の姿が描けるのか、クライアントと一緒に考えることを大切にしている。住宅では土地選びのサポートやバランスのとれた提案を行い、意匠性、経済性、機能性を併せ持った設計を。店舗づくりではデザイナーと共にブランディングまでサポート。

あやめ池の家（住宅）

Photo：山内紀人写真事務所

さくらパン工房（店舗）

Photo：山内紀人写真事務所

OPEN DOOR APARTMENT2 (シェアハウス)

共同設計：木村松本建築設計事務所 ・Photo：山内紀人写真事務所

藤岡奈保子＋藤岡建築研究室

fujioka naoko + fujioka architecture labo

奈良県 奈良市
URL　　fujioka-architecture-labo.com
E-mail　fujiken@kcn.ne.jp

☑ 住宅　　☑ 店舗　　☑ オフィス　　☐ 医療
☐ 公共　　☑ 宿泊施設　☐ 家具　　　☐ プロダクト
☐ サイン　☐ グラフィック　☐ その他

1984年奈良県生まれ。神戸芸術工科大学卒業後、KsArchitects、藤岡建築研究室を経る。藤岡建築研究室主宰藤岡龍介と共に伝統的な町家や民家の改修を中心に設計・監理を行っている。質の高い材料や技術を込めて建てられた古い家の魅力を守りながら現代技術も取り入れた、これからの新しい住まい方を考えている。

高畑の町家（住宅兼オフィス）

Photo：喜多 章

紀寺の家・通り庭の町家（宿泊施設）

Photo：喜多 章

紀寺の家・前庭の町家（宿泊施設）

Photo：喜多 章

189

モカアーキテクツ
MOCA ARCHITECTS

奈良県 奈良市
URL　　　　www.mocaarchitects.com
Facebook・mocaarchitects
Instagram　@moca.architects
E-mail　　　info@mocaarchitects.com

☑ 住宅　　☑ 店舗　　☑ オフィス　☑ 医療
☑ 公共　　☑ 宿泊施設　☑ 家具　　☑ プロダクト
☑ サイン　☑ グラフィック　☑ その他

門間香奈子と古川晋也が主宰する設計事務所。住宅や各種建築の設計をはじめ、店舗・オフィス等のインテリアデザイン、家具のデザインなど規模や用途を問わず活動している。場所とクライアントによる固有の状況にふさわしい空間、生活、そして社会のあり方を建築を通して模索し、形にしていくところから、新しい建築がつくれればと考えている。

cookhouse泉大津店（店舗）

Photo：中村 絵

190

houseSY / 寄木壁の家（住宅）

Photo：笹倉洋平

houseAS / 明石の家（住宅）

Photo：中村 絵

井戸健治建築研究所

Ido, Kenji Architectural Studio

和歌山県 海南市
URL   kenjiido.com
Facebook   IdoKenjiArchitecturalStudio
Instagram   @kenjiido
E-mail   info@kenjiido.com

☑ 住宅　　☑ 店舗　　☑ オフィス　　☑ 医療
☑ 公共　　☑ 宿泊施設　☑ 家具　　　☑ プロダクト
☑ サイン　☑ グラフィック　☑ その他

和歌山県を拠点に、まるで彫刻の中にいるかのような、自然の光が美しい空間を創る建築設計事務所。建築は光、構成、素材によって感覚を誘発する。また「当たり前」と思っていることを再考することによって、新たな空間の豊かさ、感覚の新鮮さ、静謐さを目指している。2019 GOOD DESIGN AWARD（結崎の住宅）受賞。

結崎の住宅（住宅）

Photo：笹倉洋平（笹の倉舎）

長居東の住宅（住宅）

Photo：笹倉洋平（笹の倉舎）

玉津の住宅（住宅）

Photo：笹倉洋平（笹の倉舎）

玄米カフェ実身美（サンミ）大阪 阿倍野店（店舗）

Photo：中島 計

THE OFFICE

ザ オフィス

和歌山県 和歌山市
URL   theoffice343.com
Facebook   theoffice343
Instagram   @theoffice343
E-mail   info@theoffice343.com

☑ 住宅　　☑ 店舗　　☐ オフィス　　☐ 医療
☐ 公共　　☑ 宿泊施設　☑ 家具　　　☑ プロダクト
☑ サイン　☑ グラフィック　☑ その他

和歌山県を拠点に活動。2014年 THE OFFICE設立。「GOOD WORK FOR GOOD PEOPLE」をスローガンに、建築、リノベーション、インテリア、外構計画、オリジナル家具、グラフィック等すべてに関わるデザインを行う。住まい手や使う人との距離感を最も大事にした設計や、施工の方法をアップデートし続けている。

八尾のいえ（住宅）

Photo：柏原 誉（THE OFFICE）

鍛冶屋のいえ リノベーション（住宅）

Photo：柏原 誉（THE OFFICE）

有田のいえ リノベーション（住宅）

Photo：柏原 誉（THE OFFICE）

窓話（店舗）

Photo：柏原 誉（THE OFFICE）

ナフ・アーキテクト＆デザイン
naf architect & design Inc.

広島県 広島市
東京都 世田谷区
URL　　　www.naf-aad.com
E-mail　　info@naf-aad.com

☑ 住宅	☑ 店舗	☑ オフィス	☑ 医療
☑ 公共	☑ 宿泊施設	☑ 家具	☑ プロダクト
☐ サイン	☐ グラフィック	☑ その他	

広島・東京を拠点に活動する、中薗哲也＋中佐昭夫による一級建築士事務所。日々を楽しみつつ時間を積み重ねてゆける気持ちのよい空間と、はっきりとした方向性を持つ住まいを提案している。日本建築美術工芸協会AACA賞（最優秀賞）、Dedalo Minosse（イタリア国際建築賞）、グッドデザイン賞などを受賞。

A House Made of Two（住宅）

Photo：矢野紀行

Village on the Building（オフィス）

Photo：矢野紀行

潜水士のためのグラス・ハウス（住宅）

Photo：矢野紀行

柳井の家（住宅）

Photo：矢野紀行

ハンクラデザイン

HANKURA Design

広島県 広島市
URL   hankuradesign.main.jp
Facebook   HankuraDesign
Instagram   @hankuradesign
E-mail   main@hankura-design.com

☑ 住宅　　☑ 店舗　　☑ オフィス　☑ 医療
☑ 公共　　☑ 宿泊施設　☑ 家具　　☑ プロダクト
☑ サイン　☑ グラフィック　☑ その他

広島を拠点に島谷将文、島谷寿美礼夫妻で活動するユニット。2013年設立。「空間を作ることは、環境をつくること。環境をつくることは、人を変えること。」をモットーに住宅設計、店舗設計、マンション・一戸建てのリノベーション、展示会場、インスタレーション等、空間系の企画を得意としている。

cote a cote（店舗）

Photo：足袋井写真事務所

ろくろく亭（店舗）

Photo：足袋井写真事務所

ハンクラデザイン（オフィス）

Photo：足袋井写真事務所

八本松の二世帯住宅リノベーション（住宅）

Photo：足袋井写真事務所

Wrap建築設計事務所

ラップ

徳島県 徳島市

URL	www.wrap-architect.com
Facebook	wraparchitect
Instagram	@wrap.architects
E-mail	imase@wrap-architect.com

☑住宅　☑店舗　☑オフィス　☐医療
☑公共　☑宿泊施設　☑家具　☑プロダクト
☐サイン　☐グラフィック　☑その他

代表 今瀬健太。1983年徳島県生まれ。四国大学短期大学部生活科学科デザイン専攻。2012年にWrap建築設計事務所を設立。地元の徳島を拠点に店舗・住宅などの設計を中心としながら、インテリアプロダクトデザイン、ギャラリーの運営やイベント企画など活動。

MEHRKORN RUHEPLATZ（店舗）

Photo：笹倉洋平（笹の倉舎）

200

谷内青果（工場／事務所／販売所）

Photo：Wrap

YA house（住宅）

Photo：Wrap

キトレペ建築設計事務所

kitorepe

福岡県 福岡市
URL　　　　www.kitorepe.com
Instagram　@kitorepe
E-mail　　　info@kitorepe.com

☑ 住宅　　☑ 店舗　　☑ オフィス　☑ 医療
☐ 公共　　☑ 宿泊施設　☑ 家具　　☐ プロダクト
☐ サイン　☐ グラフィック　☐ その他

代表 松田和也。1973年生まれ。九州芸術工科大学卒。kitorepe（キトレペ）とは黄色いトレペ（イエロートレース）を略した造語。キトレペ特有の質感と何層も線を重ねるプロセスは我々が目指す空間の価値観を表している。代表作にPORT、knot&loosen（ともに福岡）、Ruri_AN／夜香木（熊本）、願成寺無碍光堂（鹿児島）等。

佐賀｜有田の家（住宅）

Photo：河田弘樹

熊本｜Ruri_AN／夜香木（店舗）

共同設計：rhythmdesign Ltd.　Photo：TOREAL 藤井浩司

福岡｜片縄の家（住宅）

Photo：河田弘樹

203

コードスタイル
CODE STYLE

福岡県 福岡市
URL　　　　codestyle-web.com
Facebook　codestyle.web
Instagram　@codestyle.fukuoka
E-mail　　 contact@codestyle-web.com

☑ 住宅　　☑ 店舗　　☑ オフィス　☑ 医療
☐ 公共　　☑ 宿泊施設　☑ 家具　　☑ プロダクト
☑ サイン　☑ グラフィック　☑ その他

2007年設立。リノベーション、注文住宅、店舗デザインをメインに手がける。様々な体験や出会いの中で、記憶に残っているモノ、時代を超える普遍性を持つクラシックなモノ。これらのデザインの遺産を「リワークすること」をテーマに、ライフスタイルを支える「家と店」をデザイン・リノベーションすることを得意とする。

美容室 SHIFT　（店舗）

Photo：長野一生

Étoile Coffee（店舗）

Photo：長野一生

ヴィンテージバイクと暮らす（住宅）

Photo：広瀬麻子

デザインオフィス ターミナル
design office TERMINAL

☑ 住宅　　☑ 店舗　　☑ オフィス　　☑ 医療
☑ 公共　　☑ 宿泊施設　☑ 家具　　　☑ プロダクト
☐ サイン　☐ グラフィック　☑ その他

福岡県 福岡市
URL　　　tomoaki-munekata.com
E-mail　　mail@tomoaki-munekata.com

代表 宗像友昭。1982年鹿児島県生まれ。2012年 design office TERMINAL一級建築士事務所を設立。2015年 JCDデザインアワードにて木田隆子賞／銀賞／新人賞受賞。2018年〜九州産業大学住居・インテリア学科非常勤講師。

ウシジマ（事務所 / 自動車整備工場）

Photo：鳥村鋼一

BUSINESS LEATHER FACTORY / 大阪梅田店（店舗）

ROUND COUNTER（店舗）

Photo：武田洋輔

ノットイコール 一級建築士事務所
NOTEQUAL

福岡県 福岡市
URL notequal.jp
Instagram @kosuke_ariyoshi
E-mail info@notequal.jp

☑ 住宅 ☑ 店舗 ☑ オフィス ☑ 医療
☑ 公共 ☑ 宿泊施設 ☑ 家具 ☑ プロダクト
☑ サイン ☑ グラフィック ☑ その他

建築とは「主体を豊かにする場や状況を構築的に生み出す行為」であると捉え、住宅やクリニック、店舗やアトリエといった建築物の他、プロダクトやイベントの企画、空間構成といった、自身の考える「建築し得るもの」を対象に幅広く活動する建築設計事務所。日本建築学会九州支部第11回建築九州賞佳作、JIDアワード2017入選ほか。

いとの森の歯科室（歯科医院）

Photo：Yosuke Harigane

花屋マウンテンQ合目休憩室（店舗）

Photo：Yosuke Harigane

糸島の陶芸小屋（アトリエ）

Photo：Yosuke Harigane

class archi

クラスアーキ

佐賀県 鳥栖市

URL	www.class-aa.com
Facebook	classarc
Instagram	@class_archi
E-mail	archi@class-aa.com

☑ 住宅　　☑ 店舗　　☑ オフィス　　☑ 医療
☐ 公共　　☑ 宿泊施設　☐ 家具　　　☐ プロダクト
☐ サイン　☐ グラフィック　☑ その他

2011年class創立、2018年class archi設立。九州を舞台に若き感性を集めたチームで主に戸建てを中心とした家づくりや施設をデザインしている。ハウスメーカーとは異なる価値を建築家として届けられるように、手間も、想いもかかる家づくりをクライアントとの対話を大切にしながら丁寧に行う。

酒井西の家（住宅）

Photo：針金洋介（針金建築写真事務所）

筑後の家（住宅）

Photo：石井紀久（Blitz Studio）

朝一の家（住宅）

Photo：八代哲弥（八代写真事務所）

211

HAG環境デザイン

ハグカンキョウデザイン

長崎県 長崎市
URL	hag@co.jp
Facebook	hagarchitecture
Instagram	@hag_architecture
E-mail	info@hag.co.jp

☑ 住宅　☑ 店舗　☐ オフィス　☑ 医療
☐ 公共　☐ 宿泊施設　☐ 家具　☐ プロダクト
☐ サイン　☐ グラフィック　☑ その他

土地の環境やコストなど、与えられた条件の中で、家族の暮らしや時間の流れを考え、出来たときが一番美しいのではなく、時間とともに味わいを増し、成長するような建物を心がけながら設計を行っている。2013年・15年・17年長崎県木造住宅コンクール最優秀賞、2018年グッドデザイン賞。

Skip House（住宅）

Photo：繁延あづさ

伝統工法の小さな家（住宅）

Photo：繁延あづさ

レストラン&ウエディング TOU（店舗）

Photo：繁延あづさ

矢橋徹建築設計事務所

yabashi architects

熊本県 熊本市
URL　　　　www.yabashi-aa.com
Facebook　　yabashiaa
Instagram　　@yabashi_architects
E-mail　　　info@yabashi-aa.com

☑ 住宅　　☑ 店舗　　☑ オフィス　　☑ 医療
☑ 公共　　☑ 宿泊施設　☑ 家具　　　☑ プロダクト
☐ サイン　☐ グラフィック　☑ その他

1981年熊本県生まれ。日本文理大学建築学科卒。UID一級建築士事務所、森繁建築研究所を経て、2013年に独立。新築、リノベーション、建築の大小に関わらず、要望や環境を手がかりとした心地よい場所づくりを目指し、インテリア、住宅、商業施設の建築設計の他会場デザインやまちづくりまで多岐にわたって活動している。

オモケンパーク（店舗 / イベントスペース）

Photo：yashiro photo office / haco photoshop

竹木場の回廊（イベントスペース / ギャラリー）

Photo：矢橋徹建築設計事務所

黒石のリノベーション（店舗 / 住宅）

Photo：haco photoshop

酒井建築事務所
SAKAI ARCHITECTS

鹿児島県　奄美市

URL	sakaiarchitects.com
Facebook	archsakai0127
Instagram	@sakaiarchitects_official
E-mail	kazus0127@gmail.com

☑ 住宅　　☑ 店舗　　☑ オフィス　　☑ 医療
☑ 公共　　☑ 宿泊施設　☑ 家具　　　□ プロダクト
□ サイン　□ グラフィック　☑ その他

奄美大島を拠点として、東京・鹿児島・奄美群島・沖縄で設計活動を行っている。600万円の小さな住宅から、宗教建築、宿泊施設、学校建築、複合施設の大きな建築まで幅広く地域の特性を拾い上げながら、環境と呼応した建築を目指している。建築学会九州建築賞、グッドデザイン賞、かごしま・人・まちデザイン賞など多数受賞。

大屋根の家（住宅）

Photo：石井紀久

平松の家（住宅）

Photo：石井紀久

与論島の家（住宅）

Photo：石井紀久

ネストアーキテクツ

nest architects

鹿児島県 鹿児島市
URL　　　www.nest-a.com
E-mail　　info@nest-a.com

代表 山下篤史。1981年鹿児島県生まれ。2016年ネストアーキテクツ設立。「建物や空間が人を育み、やすらぎを与えられるようなものをつくりたい。その家に帰りたくなるような、その空間に入ってみたくなるような、あなたにとって心地いい〝巣〟でありますように—。」をモットーに日々、活動している。

☑ 住宅	☑ 店舗	☑ オフィス	☑ 医療
☑ 公共	☑ 宿泊施設	☑ 家具	☐ プロダクト
☑ サイン	☐ グラフィック	☐ その他	

紫原動物病院（オフィス / 住宅）

Photo：Hiroki Isohata

屋久島の家（住宅）

Photo：Hiroki Isohata

House Y（住宅）

Photo：Hiroki Isohata

Index

心地よい空間をつくる
小さな設計・建築事務所
Creating a Relaxed Atmosphere:
Small Design & Architecture Offices

2020年8月7日　初版第1刷発行

編著　パイ インターナショナル

アートディレクター & デザイナー
柴 亜季子 (PIE Graphics)

アートディレクター
松村大輔 (PIE Graphics)

写真
KELUN｜5454 (P2-3)
鳥村鋼一｜内庭の家 (P4-5)
下村康典｜大蓮の家 (P6)
来田 猛｜HOMEBASE (P10)
古瀬 桂｜CBNN (P36-37)
香賀万里和｜松本の家 (P98-99)
喜多 章｜高畑の町家 (P156-157)
傍島利浩｜dolip (P220-221)

イラスト
嶽 まいこ

翻訳
木下マリアン

ライター & コーディネーター
梅村知代 (風日舎)
村井清美 (風日舎)

編集
及川さえ子

発行人　三芳寛要
発行元　株式会社 パイ インターナショナル
〒170-0005　東京都豊島区南大塚2-32-4
TEL 03-3944-3981　FAX 03-5395-4830　sales@pie.co.jp

印刷・製本　株式会社サンニチ印刷

ⓒ 2020 PIE International
ISBN978-4-7562-5351-4 C3052
Printed in Japan

Creating a Relaxed Atmosphere:
Small Design & Architecture Offices

PIE International Inc.
2-32-4 Minami-Otsuka, Toshima-ku, Tokyo 170-0005 JAPAN
international@pie.co.jp

ISBN978-4-7562-5351-4　Printed in Japan